J. 1253.
2.

INSTITVTION
DE LA VIE
HVMAINE,

Dreſſee par Marc Antonin Philoſophe, Empereur Romain.

Remonſtrance d'Agapetus Eueſque, à l'Empereur Iuſtinian, de l'office d'vn Empereur, ou Roy.

Elegie de Solon Prince Athenien ſur le fait, & vie des humains, la cauſe des ruines des villes.

Le tout Traduit, par Pardoux du Prat, Docteur és Droits.

A LYON,

A l'Eſcu de Milan, Par la vefue Gabriel Cotier.

1570.

Auec Priuilege du Roy.

Priuilege du Roy.

CHARLES par la grace de Dieu Roy de France, Aux Preuoſt de Paris, Senéchal de Lyon, & à tous noz autres Iuges & officiers, ou leurs Lieutenans, comme il appartiendra Salut. La vefue de feu Gabriel Cotier Libraire de Lyon, nous à fait entendre qu'elle a recouuert le Liure qui enſuyt Intitulé *Inſtitution de la vie humaine*, Faite en Grec par Antonin Philoſophe Empereur, & vne *Remonſtrance d'Agapetus Iuſtinian Empereur*, Le tout traduit par ledit du Prat. Lequel Liure elle feroit volontiers Imprimer mais doubte qu'autres Libraires & Imprimeurs le vouſiſſent ſemblablement Imprimer, & par ce moyen fruſtrer l'expoſante de ſeſdits labeurs. A quoy deſirans pouruoir de l'aduis de noſtre conſeil, & de noz certaine ſcience & plaine puiſſance, auons permis & permettons à ladite expoſante, d'Imprimer ou faire Imprimer, tant de fois que bon luy ſemblera, vendre & debiter le ſuſdit liure, iuſques au temps & terme de ſept ans, à conter du iour & datte que ladite Impreſſion ſera paracheuee, ſans qu'autre

* 2 s'en

s'en puisse aucunement entremettre pendant
lesdits temps, sans son expres vouloir & consentement, à peine de confiscation desdits liures & d'amande arbitraire. Voulons aussi &
nous plait, que mettans par ladite exposante
vn extrait sommaire des presentes au commencement, ou à la fin de chascun desdits liures,
elles soyent tenues pour suffisamment signi-
fiees & venues à la cognoissance particuliere
de tous ceux à qui il appartiendra, sans qu'ils
en puissent pretendre cause d'ignorance. Si
vous mandons & enioignós que des presentes
noz lettres de congé & permission, vous souf-
friez & laissiez ladite exposante iouir, & vser
plainement & paisiblement, sans permettre luy
estre donné aucun empeschement au contraire,
Car tel est nostre plaisir. Dóné à Paris le quin-
siesme de Feurier, Lan de grace 1 5 6 7. Et de nostre regne le septiesme.

Signé Camus. En cire Iaune.

Par le Roy, à vostre relation.

A TRESHAVT, ET TRESILLVSTRE SEIGNEVR, FRANÇOYS de Mandelot, Seigneur de Passy : Cheualier de l'Ordre du Roy, & Lieutenant general pour sa Maiesté, au païs de Lyonnois, & Beauiouloys, en l'absence de Monseigneur le Duc de Nemours: Antoynette Peronnet, sa treshumble seruãte desire salut & felicité.

MOnseigneur, combien que la continuelle experience que nous auons de momẽt à autre, en ceste ville de Lyon, du comble de voz tresrares vertus, reluysans en toutes voz actions, auec vne singuliere prudence & indicible integrité, en l'administration du gouuernement de nostre ville & païs, m'ayent souuent esguillonnee (pour n'apparoistre ingrate) à chercher tous moyẽs possibles de vous pouuoir donner quelque tesmoignage de ma part (comme font tous les vertueux) de la

souuenance & fresche memoyre que i'ay, de l'extreme & perpetuelle obligation, dont noftre pofterité vous fera à iamais redeuable, par la feurté, & tranquillité en laquelle par voftre dite prudence & admirable vigilance, auons efté conferuez durāt fes lamantables guerres ciuiles de ce Royaume. Toutesfoys, la confideration de voftre grandeur, & la cognoiffance que i'ay de mon ignorance & petiteffe, m'ont retenu la main iufques à ce que les effects de l'extreme douceur, courtoifie, & gracieufeté, dont on vous voit iournellemēt receuoir, & ouyr, les plus petits m'ont fait mettre en arriere toute, hōte & crainte feruile, pour vous faire prefenter, cefte petite arre ou marreau de l'affectionnee feruitude que ie vous ay vouee, Monfeigneur, comme à celuy que i'ay cognu eftre le vray azile, & affuré refuge des poures vefues chargees d'orfelins (au nombre defquelles il a pleu à Dieu me cōftituer.) Et combien que l'œuure femble eftre indigne de venir en public fouz la faueur de voftre

voſtre nom, à cauſe de la petiteſſe, Toutesfoys deux principales conſidera-
tions, m'ont enhardie de la vous de-
dier, chaſcune deſquelles m'a ſemblé
digné de trouuer grace enuers voſtre
ſeigneurie, eſt ſuffiſante pour effacer
le reproche de temerité que ié pour-
rois, ce faiſant encourir. Dont la premiere eſt la cognoiſſance certaine, &
intention du Traducteur, qui auoit entreprins la publier ſouz voſtre nom ac-
compagnant l'impreſſion d'vne Epi-
ſtre Liminaire, qu'il vous auoit vouce,
mais preuenu de mort n'a mis à effect,
dont i'euſſe cuidé faire grand faute
contreuenir à ſon deſſein, irritant contre moy les eſprits heureux comme di-
ſoyent les anciens. La ſeconde & principale conſideration qui m'a meu à ce
faire, a eſté, eſtant contenu en ce petit Liure vne admirable inſtruction à
toutes ſortes de perſonnes, pour ſe
pouuoir heureuſement conduire &
gouuerner, en ceſte vie humaine accompagnee de tant d'incommoditez,
qui cauſent en icelle, la corruption de
　　　　　　　　*　4　　　noſtre

noftre nature,& les trauerfes de la fortune. Et eftant ladite Inftruction efcri-
te des fa naiffance en Lágage Grec. Par
excelent & tant renommée en prudence, & cognoiffance des fciences, Marc
Antonin Empereur de Rome, qui c'eft
acquis le nom & tiltre de Philofophe,
pour l'admirable follicitude qu'il a
monftree auoir durant toute fa vie, en
faits,& dits,& efcrits. Non feulement
de bien viure, mais aufsi d'enfeigner le
chemin à tous fes fubiets, & autres qui
fe voudroyent ayder de fon labeur, de
paffer vertueufement le cours de cefte
vie, pour paruenir à celle qui eft eternelle: comme on peut voir par ce petit Liuret prouenu de la forge d'vn fi
grand & fi fcauant Monarque, que i'ay
voulu publier en Françoys, pour faire
participans ceux de noftre nation, qui
n'ont cognoiffance dudit lágage Grec,
Des ineftimables & merueilleux thre-
fors de fapience y contenus, lequel i'ay
voulu accompagner, & authorifer de
voftre faueur, qui eftes cogneu de chaf
cun, non feulement faige, & vertueux,
mais

mais la mesme vertu, & sagesse, m'asseurant pour ceste occasion, que vostre nom si Illustre & recommandable, veu aux premieres pages de ce Liuret, rendra tousiours le Lecteur affectionné & desireux de voir ce qui y est contenu. Dont apres ie m'asseure il se tiendra pour grandement obligé & redeuable à vostre seigneurie, Ayant senty le fruict de la lecture d'iceluy, comme ie feray de ma part; Monseigneur, s'il vous plait auoir aggreable ce petit premier fruict, de l'affection tres ardante qui est en moy, & tous les miens de vous pouuoir faire treshumble & aggreable seruice. N'ayant esgard (s'il vous plait) à la petitesse, & indignité du don, estant comparé à vostre grandeur, ne à la rudesse de ce mien escrit, mais à la bonne volonté de celle qui le vous offre. Auec toute humilité accompagnee de l'asseurance d'vne perpetuelle seruitude, laquelle produira cy apres ses fruits, plus dignes de vostre Seigneurie, en toutes les occasions, & moyens qu'il plaira à Dieu

* 5   luy

luy donner. Et cependant ne ceſſera de ſupplier ſa diuine maieſté,

Monſeigneur qu'il luy plaiſe vous continuer & augméter de plus en plus ſes ſaintes graces, auec parfaicte ſanté, & accroiſſement de tout bon heur & felicité. De Lyon ce quinſiéme Feurier 1570. Par celle qui ſera à iamais.

Voſtre treshumble, & tres affectionnee ſeruante, de voſtre Seigneurie Antoynette Peronnet.

Extrait de Sudas.

Arc Antonin est renommé en tout d'avoir esté Philosophe. Il fust premierement auditeur des autres, de Sextus Beotien Philosophe: à Rome l'allant voir en sa maison, vn nommé Lycius famil. d'Herode Athenien Rheteur alloit aussi vers iceluy Sexte. Ce Lycius rencontrant vn iour Marc Antonin, qui alloit vers ledit Beotien, luy demanda, ou il alloit, & la cause de ce, Marc, luy respond. Il est (dit il) bien seant aux vieux

d'app

d'apprendre. Parquoy ie m'en vay à Sextus à fin d'apprendre ce que ie ne sçay encore. Lors Lucius leuant les mains au ciel, O soleil (dit il) Roy des Romains ia vieux, hante vn docteur portant vn liure : mais mon Alexandre est mort ayant tant seulemẽt trente deux ans, ce Marc composa XII. Liures de sa vie.

ET DERECHEF.

Il est plus facile s'esmerueiller sous silence, que louër comme il appartient Marc Roy des Romains. Car aucune eloquence ne pourroit comprendre & moins exprimer par paroles ses vertus.
Car

Car dés son ieune aage il dreſſa tellemĕt vne vie trãquille ferme, & conſtante, que ïamais l'on ne vid changer viſage ou couleur par crainte ou volupté. Ils louent les Stoiciens Philoſophes ſur tous autres & les enſuyuoit en maniere de viure, & doctrine. L'eſprit d'iceluy fuſt tel en ieuneſſe que Adrian l'Empereur penſoit ſouuent de luy faire ceſſion, & tranſport de la ſucceſsiõ de l'Empire. Mais veu que au parauant il l'auoit ſelõ les loix adopté. Puis il luy garda la ſucceſsion il voulut toutesfoys que la ſucceſsion de l'Empire paruint à Marc ſon allié, & familier. Marc n'ayant

eſtat

estat, vesquit si modestemēt, qu'il
ne se preferoit à aucun, mesme du
populas de Rome. Mesmes ne
changea il l'esprit par l'adoption
de la race: voire estant esleué Empereur & qu'il gouuernoit tout,
il ne monstra aucun signe d'arrogance, ains fust liberal en bien
faisant. Il fust attrempé & bon
en gouuernant les peuples & Pro-
uinces.

Effigie de Marc Aurelle Antonin
Philofophe.

Marc Antonin dit Philofophe., fut Empereur apres Antoninus Pius, en l'an du monde
4123. apres la nátiu. de Iefus Chrift 161. an. il fit
compagnon en l'Empire fon frere & gendre L.
An. Antonin, par vne ñouuelle grace & faueur
& adonc fut premierement regi l'Empire par
deux d'égale puiffance. l'on peut mieux admi-
rer que louer ce Marc, qui fut fi rafsis des fon
enfance qu'il ne changeoit point de face pour
ioye ne pour triftefle. il fut Philofophe de
meurs, & non feulement de fcauoir: & tant ef-
merueillable que l'Empereur Adrian delibera
le faire fon fucceffeur. Il mourut de maladie,
l'an de fon aage 61. de fon regne 19. Eut. lib. 8.

INSTITVTION
DE LA VIE HV-
MAINE, OV LA VIE
DE M. ANTONIN
PHILOSO-
PHE.

*

LIVRE PREMIER.

I'Ay apprins de mon ayeul Verus * à estre paisible, & debonnaire, & à m'abste-nir d'ire. I'ay vsé de la bon-ne reputation, & estime de mon pere * pour me dres-ser à modestie, & meurs conuenantes a l'homme. I'ay ensuyui ma me-re * en desir, & entente de l'amour, & obeïs-sance deuë à Dieu * & en liberalité. Dauan-tage en me gardant non seulement de faire quelque lascheté, mais aussi d'y penser. Ou-tre ce ie l'ay imitee en contentement, & sobrie-té de viure laquelle est tres-eloignee de toute superfluité accōpaignant richesse. I'ay apprins

* Annius Verus Ca-pitolin.

* Annius Verus.

* Domitia Caluila.

* à quoy nature noʳ oblige iou-xte la l.2.D. de iust. & iur.

a   de

*l. j. C. de profef. qui in vrb. Cõ-ftan.lib.12.
de mon bifayeul * à n'aller aux ieux publies
ains à auoir de bons * precepteurs en la maifon & qu'il ne me failloit en ce efpargner aucune defpence. I'ay apprins de celuy qui m'a

* Homere chez Cice-ro ij.de Di-uina.
nourri à porter patiemment trauaux * & à me
contenter de peu, & à m'employer à œuures,

* mais plu-ſtoſt la pu-nir Xeno-phõ.1.Cyri.
& à ne m'entremefler de beaucoup d'affaires,
& à ne receuoir volontiers calomnie. I'ay
apprins de Diognetus à ne mettre mon defir à
chofes vaines, & inutiles,& de ne croire à ce q̃
difent les affronteurs, & ioueurs de paffe paffe
en leurs charmes, & enforcelemens, & à ne

* c'eſt vain exercice.
recreer mes efprits au ieu de frape caille * & à
ne connoiter femblables chofes. A endurer
patiemment ce qu'eſt franchement dit & à
m'addonner du tout à philofophie, & à ouïr
premierement Bacchius:en apres Tandafidés,
& Marcian , & à efcrire dialogues en mon enfance: à vfer fouuent de grabat, & de pellice,
& d'autres chofes appartenans à la difcipline
greque.Par le confeil de Rufticus ie penfis que
mes meurs auoyent befoin de correction , &
d'ornement de vertu, & qu'il ne me falloit en-

* qui nui-fent à ieu-neſſe. Plato in Protago ra.
fuyuir les Sophiftes * & a n'efcrire contem-
plations: Il m'admonneſtoit de n'auoir que
faire de declarer petites oraifons exhortatoi-
res: & de ne monftrer par vaine gloire le femblant, d'vn homme laborieux. Dauintage à

* plato in Gorgia.
m'abſtenir de Rhetorique * Poëfie , & d'a-
ftrologie, à n'vfer de veftemens & femblables
chofes en la maifon: & qu'il me failloit fim-
plement

plement escrire epistres: qu'elle est celle que
i'ay enuoyé à ma mere à Sunesse. En outre qu'il
me failloit monstrer appaisé & facile en par-
lant à ceux qui m'ont fasché, ou offensé en
quelque chose quand ils voudroyent retourner à leur deuoir, & qu'il faut diligemment lire, & qu'il ne faut totalement penser qu'vne
pensee soigneuse soit suffisante. Il m'a aussi ad-
monnesté de ne m'accorder de leger auec ba-
billars, & à Lire les commentaires d'Epicte-
rus * qu'il m'a communiqué. Apollonius m'a
enseigné à ensuyure liberté, & fermeté certaine, & de n'auoir (tant soit peu) mon regard à
autre part qu'à droite raison *, & d'estre tousiours vn mesme en griefues douleurs, en la perte de mes enfans longues maladies, à celle fin
que ie contemplasse euidemment en vn vif
exemple vne mesme personne pouuoir estre
d'vn tresdur courage, ou lasche, & tresmol.
Dauantage de ne me monstrer facheux, ne
difficile quand i'apprendroye doctrine: mais
que ie prinsse garde à l'homme qui estimeroit
publiquement, ou diroit qu'experience, & le
pouuoir d'enseigner sciences estre le moindre
de ses biens. Outre ce il m'a apprins à aduiser
le moyen de receuoir bien faits & plaisirs de
mes amis voire tels qu'ils les estiment, à fin que
receu le plaisir, ne fussions rendus viles, &
de peu d'estime, ou que lesdits bienfaits ne
fussent mis sottement à mespris ou passez souz
silence. I'ay apperceu en Sextus courtoisie,

* appellé
Philoso-
phe noble
par Au. Gel
le lib. 2. ca.
18.
* c'est la
loy. Cicer.
libro 1. des
loix prinse
en gene-
ral pour le
droit.
Disciple
quel doit e-
stre.

a 2 l'exemple

L'homme
quel doit
eftre.
l'exemple d'vne maifon dreffee felon le iugement d'vn bon pere de famille, le moyé de viure felon nature, vne grauité & conftáce non
feinte, vne fageffe prompte en pouruoyant
au proffit de fes amis, vne gratieufeté enuers le
populaire, fans arrogance. D'ou s'enfuyuoit
que fa familiarité eftoit plus fouëfue, & douce
que toute flatterie & que ceux auec lefquels il
tenoit pour lors propos l'auoyent en grand
reuerence. Et (qui plus eft) il monftroit la façon d'inuenter, & dreffer par ordre les enfeignemens neceffaires à l'vfage de la vie. Outre
plus, il ne monftroit aucun figne de courroux,
d'efmotion d'efprit, aucunes pafsions ne luy
trauerfoit le cerueau: ains eftoit d'vne nature
treshumaine. I'ay apperceu en iceluy vne renommee honefte fans vanterie, vn fçauoir de
beaucoup de chofes fans oftentation. Ie pre-
noye garde à Alexandre Grammairien, qui
s'abftenoit d'aigres reprehenfions; & qui ne
chaftioit ignominieufement celuy qui auoit
* c'eft vne
cópofition
non con-
uenable.
barbarement parlé, ou fait vn folœcifme,*qui
auoit dit chofe difcordante: ains prononçoit
d'vne bonne grace ce, & ainfi qu'il failloit dire: tout ainfi comme fi en refpondant il euft
donné fon aduis ou communiqué auec vn au-
*Xenoph.
en Hieron.
tre: ou corrigeoit la faute couuertement, &
* sõ ceux
qui font if-
fus des pre
miers Se-
nateurs T.
Liue lib. 1.
cautement, I'ay apprins de Fronto à cognoiftre de quelle enuie, varieté, & feinte eft en-
fuyuie tyrannie * & que ceux qui font appellez Patrices *font plus inhumains que les autres.

tres. I'ay apprins d'Alexádre Platonis à ne dire, ou escrire souuent à aucun que ie suis empesché : sinon que la necessité m'y contraint.
Pareillement aussi à ne refuser plusieurs foys
à mes familiers ce à quoy suis tenu au deuoir,
prenant couleur sur mes affaires me pressant
de pres. Catule m'apprint à n'auoir à mespris
la plainte d'vn amy voire quand elle seroit
sans raison : ains à m'efforcer à le remettre en
grace : & à publier de tout mon pouuoir les
louanges de mes precepteurs, ainsi que Domi-
tius, & Athenodotus recitent. Il m'a aussi enseigné qu'il faut que i'ayme mes enfans *. I'ay
apprins de mon frere Seuerus à aimer mes familiers, verité, & iustice *. Par le moyen d'i-
celuy i'ay cognu Thrasée, Heluidie, Caton,
Dion, & Brutus (qui sont tous, exemples de
vertu). Il m'a outre ce donné conseil à faire
vn dessein pour façonner vne Republique, en
laquelle toutes choses fussent gouuernees par
loix * equitables, & mesme droit * : & à faire
(diie) vn dessein d'vn regne, auquel rien ne
me fust plus cher que la liberté de mes subiects. I'ay prins garde en luy estant vuide de
souci, & chagrin, ayant fermeté en l'honneur
de philosophie, & à garder largesse, & liberalité perpetuelle, & à bien esperer * & à me
promettre pour certain l'amour des amis : & à
ne tenir caché ce pourquoy l'on n'aime quelqu'vn, & n'auoir besoin de ses amis à fin qu'ils
ne prennent coniecture sur son vouloir : mais

*ce ǧ mon-
stre I. Pol.
Droit con-
seillant l.8.
D. quod
met.cauf.
* qui s'ac-
cõpagnent
l'vne l'au-
tre Hier. 4.
& sõt seurs
Horace lib.
1.Carmi.
* qui sont
les nerfz de
la republ.
Cicer. de le
gib.
* commun
à toũs Iusti
nian in no
uel.constit.
1.& sans fai
re accepuõ
de person-
nes.
* Xenophõ
en Cyrus.

a 3   estre

Hastiueté mesprisee. estre defcouuert, & cogneu. Maximus m'a enhorté à me gouuerner felon qu'il m'a monstré l'exemple, & à ne me haster inconsideréement, & à auoir bon cœur tant en maladie, que autres mefchefs, & à auoir attrempance, careffe, & grauité : & que i'accompliffe (fans me fafcher) ce qu'auray entreprins. Il difoit que ceux à qui il a parlé, & eu quelque affaire ont creu qu'il parloit, & faifoit fans fraude, & felon

Moyen tenu. que fon cœur fentoit. Il difoit dauantage qu'il ne s'eftoit eftonné, ne esbahi d'aucune chofe: ne iamais s'eftre trop hafté, ne trop retardé, ne troublé : & n'auoir eu trop de trifteffe, ou de ioye : & n'auoir efté defpiteux ne colere, ne foufpeçonneux, ains faifant volontiers plaifir, & auoir efté paifible & veritable : & auoir plustoft monftré n'eftre peruers ne d'efprit tortueux, que correction : & n'auoir mefprifé au-

Perfeuerer au côclud. cun, & auoir efté liberalement recreatif. I'ay apperceu en mon pere grande courtoifie, vne perfeuerance en ce qu'auoit efté vne foys diligemment conclud & arrefté, l'ay cogneu en luy vn mefpris de vaine gloire, & des chofes que l'on cuide eftre honneurs & toutesfoys ne le font. I'ay (di ie) apperceu en luy

qui eft l'effect de iufti ceft vn cô mandemét de droit l. 10.D. de iu fti.& iur.& Orpheus in Lyon. vn grand defir de labeurs, & continuation d'iceluy. Il efcoutoit volontiers ceux, qui pou uoyent apporter quelque profit à la Republique. Il perfeueroit fermement en baillant à chacun le fien *felon fon eftat & fage maintien. Il eftoit trefexpert à congnoiftre

quand

quand il failloit s'enaigrir, & faire ardente
pourſuite, ou pardonner. Il reprimoit les a-
mours fols * des ieunes gens. Toutes ſes pen- * Xenoph.
ſees tendoyent au profit & auancement du ʃ.Cyr.
bien public. Il pardonnoit, ou excuſoit ceux
qui eſtoyét tenus ſouper auec luy, ou luy faire
compagnie. Ceux qui ne luy auoyent tenu
compagnie (obſtant leur neceſſaire, & legi-
time empeſchement) le trouuoyent touſiours
vn meſme. Il s'enqueroit diligemment & con-
ſtamment és conſeils de ce qui pouuoir rendre proffit & ne s'arreſtoit, ne tenoit à chaſque
penſee qui ſe preſentoit. Il entretenoit amitié.
Il ne s'ennuyoit de ſes amis, & ne les acqueroit
par fureur. Il remettoit en ſoy tous ſes affaires
d'vn viſage ioyeux. Il prouoyoit de loin aux
choſes futures, voire auant toute œuure aux
choſes de petite importance & ce ſans eſ-
meute. Il oſtoit tous eſcriemens * & toutes ' de ceſte fa
çõ d'eſcrits
flatteries. Il prenoit touſiours garde à ce qui eſt parlé in
eſtoit neceſſaire pour le magiſtrat. Il auoit I.j.C. de ve-
ſoing des frais, & deſpenſe, & ne refuſoit dire terate.li.11
ou aranguer pour la tuition de telles choſes. Il
a doroit Dieu ſans ſuperſtition. Il ne s'acqueroit la bonne grace des hommes par plaiſirs,
ne dons : & ne cherchoit la faueur d'iceux:
ains eſtoit ſobre en toutes choſes, ferme, & en
nul lieu meſſeant : & n'eſtoit deſireux de nouueauté. Il gouuernoit liberalement & ſans
arrogance les biens de fortune ſeruans à la

a 4 comm

commodité de la vie, & en vſoit, comme ſi il
les deuſt touſiours auoir, & non auec ſolicitude, & ne les deſirer, s'il en euſt eu defaut.
Aucun n'a dit qu'il fut ſophiſte, ou eſclaue
n'ay en la maiſon: mais au contraire qu'il eſtoit
homme prudent, parfait, ſans flatterie, & qui
pouuoit gouuerner non ſeulement luy mais
auſsi les autres. Il auoit en honneur ceux, qui

* deſquels
parle l. 1 D.
de inſti. &
iur. qui ſont
expliquees
l. 1 uſ ſut.
D. ʒei Ni.
D. de excu-
ſat.
* de boire,
& manger.

faiſoyent profeſsion de vraye philoſophie *:
aux autres il ne leur a reproché aucune choſe. Au reſte, il eſtoit en conuerſation fami-
liere, humain, fauory ſans meſpris, ne deſdaing. Il traitoit modereement ſa perſonne
non qu'il fut pourtant, conuoiteux de vie *, ou
d'ornement de beauté: mais, cependant, il
n'en eſtoit negligent. Par ainſi n'auoit il beſoin de beaucoup de drogues, ou fomentation
de medecine. Il fuſt treſrenommé en ce qu'il
cedoit, & donnoit, ſans enuie, le gain de diſ-
pute à ceux qui auoyent le ſcauoir d'aucune
choſe comme d'oratoire, d'hiſtoire, de loix, de
couſtumes, & d'autres ſemblables choſes.
Mais, qui plus eſt, s'employoit à ce qu'ils
obtinſſent louange des choſes eſquelles ils
eſtoyent excellens. Et quand il dreſſoit
ſes affaires ſelon la maniere de faire des ſes
anceſtres, il ne taſchoit de paruenir à ce
meſme, à fin qu'il fut veu auoir obſerué ce
qu'il auoit eu des anciens. Outre ce il n'e-
ſtoit inconſtant, ne leger d'eſprit: ains auoit

accoustumé s'arrester en mesmes lieux, & affaires. Apres que les tresgrâdes douleurs de teste
estoyét passées, il retournoit tout frais, & alai-
gre à sa besoigne accoustumee. Il tenoit peu de
choses secretes, & ce que touchoit les affaires
publics tant seulement. Il estoit prudét & mo-
deré en faisant ieux publics, bastimés, presens,
& telles autres choses. Par ce qu'il consideroit
plustost ce, d'ou l'on pourroit tirer proffit, que
louange. Il n'vsoit d'estuues en temps nó conuenable. Il n'estoit conuoiteux de bastimens,
ne de vestemens riches tisseuz, ou teints. Bref
il n'estoit curieux de braueté. Ses meurs n'e-
stoyent aucunemét accompagnees de cruauté.
Il n'estoit effronté ne violent: ains estoyent
toutes ses façons de faire bien propres, & de
bonne grace tout ainsi comme si elles auoyent
esté pensees, & dressees à loisir estant accôpa-
gnees d'vn gentil entrelacs de fermeté, & douceur. Au moyen dequoy l'on pourroit bien à
propos dire de luy ce que l'on raconte de Socrates, qui pouuoit s'abstenir & iouïr des choses desquelles plusieurs, à cause de leur incôn-
stance, ne se peuuent abstenir voire en iouïs-
sant & se gardoit de l'vn & de l'autre vice demeurant neantmoins sobre. Il monstra en la
maladie de Maximus ce qu'est d'vn homme
entier & non vaincu de passions. I'ay receu
de Dieu bons ayeuls, bon pere, bonne mere, Guerdô des
bonne sœur, bons maistres à m'instruire, bons gés de bié.
domesticques bons parens, bons amis. Bref,

toutes choses bonnes. Ioint, que en chose aucu
ne ie ne les ay offensez: iaçoit que i'ay esté tellement piqué, que si l'occasion se susse presentee
i'eusse commis tel cas. Mais par le benefice de
Dieu il est aduenu que ie n'ay esté surprins en
cela. Ie confesse aussi estre grandement tenu à
Dieu de ce que ie n'ay longuement esté nourri
chez la concubine de mon ayeul. Ie rend grace à Dieu de ce que i'ay esté subiect, & obeïs-

* Homere
Ilia. a. Ci-
des loix. li-
ure 3.

sant au prince, * & à mon pere, qui me pouuoit abattre tout orgueil, & monstrer que celuy qui vit en cour peut s'abstenir de garde de
corps, de vestemens peints, de marque de ma-

*qu'on n'e-
sleuoit aux
empereurs.
l. 2. C. de
stat. & ima.

gistrats, de statues * de certaine sorte, & de
toute superfluité: ains doit penser luy estre loysible de soy reuestir d'habit prochain de celuy
qui n'est en estat aucun : & qu'vn rabaissement
peut apporter vne excellente renommee aux
Princes desireux de gouuerner vne Republique. Ie remercie Dieu de ce que i'ay eu tel frere
qui m'a peu esmouuoir à estre soucieux de
moymesme, & prendre plaisir en l'honneur, &
amitié qu'il me portoit. Ie suis grandement tenu à Dieu de ce que i'ay eu des enfans demon-

* Pindare
en ses Py-
thies.

strans signe de future vertu * & addroits de
corps. Ie rend graces à Dieu de ce que ie n'ay
beaucoup auancé en Rhetorique, Poësie, &
tels autres estudes qui m'eussent empesché de
passer plus outre si i'eusse cogneu y auoir prof-

* Xenoph.
lib. 5. Cyri
pæd.

fité. Ie remercie Dieu de ce qu'ay à temps mis
en autorité * ceux qui m'ont nourri ce qu'ils
me

me fembloyent fouhaiter: ce que i'ay fait dés
mon ieune aage, & ne les ay attraits par vain
efpoir. Ie remercie Dieu de ce qu'eftant efpris
d'amour i'ay toufiours obeï à droite raifon. Ie
me fuis fouuẽt courroucé mais (graces à Dieu)
ie n'ay fait chofe dont ie me puiffe repentir. Ie
rens outre ce graces à Dieu de ce que ie n'ay eu
faute dargent toutes & quantes foys que i'ay
voulu aider à quelque poure, & foulager quelque fouffreteux: & que ie n'ay eu befoin de fe-
cours d'autruy. De ce auffi, que i'ay eu vne fem
me fort obeïffante & qui m'aimoit bić & fans
feinte. De ce que ay eu toufiours ceux que i'ay
nourri, les reputans tels efquels ie pouuoye
bailler à fiance la charge de mes enfans. De ce
qu'ay toufiours trouué remedes, voire en dormant, côtre diuerfes maladies. Lors que i'eftu-
diay en Philofophie, ie ne (graces à Dieu) ren-
contray onques aucun Sophifte ou autre qui
m'ait enfeigné à refouldre fyllogifmes. Quant
à moy i'ay cogneu la nature du bien, * par ce
qu'il eft honnefte. I'ay cogneu la nature du mal
par ce qu'il eft vilain & deshonnefte. I'ay cogneu la nature de celuy qui a forfait: parce
quelle m'eft prochaine, * & fort femblable: nõ
que ce foit vne mefme chair, ou femence, mais
par ce qu'elle eft participante de penfée & d'v-
ne diuine parcelle: tellemẽt que ie ne pour-
roye ou (pour mieux dire) deuroye eftre offenfé par aucun. Aucun ne me pourra mettre
fus qu'aye commis vilenie, ou deshonnefteté
aucune.

courroucés vous mais ne pechez point dit l'efcriture fainde.

Tou bien abõde à ce- luy qui dõ- ne aux po- ures.

* Cicero parnul.j.

* Nature a cõftituée cer tain paran tige entre les hõmes l 3. D. de iu- fti. & iu.

aucune. Certes ie ne me peux courroucer côtre ce qui m'eſt fort prochain, & ſemblable. Car nous ſommes tous naiz à ce que nous

* l. ſer-
tus. D. de
ſer. export.
nous aidions les vns les autres * en noz œuures, & faits ainſi qu'vne main aide à l'autre,
& l'vn pied à l'autre, vne paupiere des yeux à
l'autre, & vn ordre des dês à l'autre. Parquoy

* d.l.3.in fi.
D. de iuſt.
& iu.
s'eſt contre nature * ſe contrarier, rebecquer
& ſe courroucer l'vn l'autre. Quand à moy ie
ſuis compoſé & fait d'vne petite chair, d'vne
petite ame, & d'vne penſee. Et pourtant il faut
laiſſer les liures, * & n'eſtudier plus : car il ne

*Entens les
liures des
ſciences fri-
uoles & vai
nes deſquel
les cy deſſus
a eſté dit.
t'eſt loyſible : ou bien pluſtoſt par ce qu'il te
faut mourir. Meſpriſe tó corps par ce que c'eſt
pourriture, petits os, & vn entrelaps ou liaiſon
de nerfs de vaines, & arteres, comme la coeſſe
d'vne femme. Penſe qu'elle eſt ton ame. Penſe
(di ie) à part toy, Es tu vieux? Ne ſouffre que la
principale partie de tó corps, qui eſt l'ame ſoit

* qui fait pe
ché eſt ſerf
à peché l.fi.
C. de ſeni.
paſſ. & ain-
ſi le dit S.
Paul.
ſerue * ou ſoit rauie, ou enuahie par vne eſtrange impetuoſité. Porte patiemment toute preſente incommodité. Ne t'enfuys en cachetes
du deſaſtre prochain. Les ſentences de Dieu
ſont pleines de prudence : mais le fortuit, ou
auéture eſt accompagné de nature, & embraſ-
ſemét des choſes qui ſont gouuernees par prudence. D'illec iſſent toutes choſes neceſſité y
adiouſtee, & l'vtilité de l'vniuers duquel tu és
partie : & (qui plus eſt) ce qu'eſt du naturel de
l'vniuers, & qui appartient à l'entretien d'iceluy eſt bon à vne chacune parcelle d'iceluy. Les

mutat

mutations de clements, & choses composees
d'iceux entretiennent le monde. Cecy te suffi-
se, & soit en lieu d'enseignement. Ne sois soucieux de liures à fin que tu ne meures en mar-
monnant, mais plustoit paisible, & rendant
graces à Dieu de bien bon cœur.

Mourant
rendre gra
ces à Dieu.

LIVRE. II.

Ouuienne toy combien longue-
mét iusques icy tu as delaissé, &
n'as employé le temps que Dieu
t'a tant de foys allongé. Il faut
certainement que tu prennes au-
cunetoys garde de quel monde tu és parcelle:
& de quel gouuerneur du monde tu és venu:&
que aduises aussi à la fin future de ton temps
* limité: qui t'eschappera * si tu vis en oysiue-
té, & ne reuiendras iamais apres que tu seras
mort. Efforce toy de tout ton cœur, toutes
les heures à fin que tu accomplisses ce que tu
as entremains ainsi comme il est conuenable
au Romain, voire à tout homme : y iointe vne
diligente & non sainte grauité, humanité, liberalité, & iustice. Cependāt destorne ton esprit
de toutes autres pensees. Ce que tu feras, si tu
fais vn chacun ton affaire de ce que tu dois
mettre à execution estimant que ce soit le der-
nier:si tu accomplis (di ie) ton affaire de sorte
que tu ne reçoiues n'y entremesles aucune vanité, aucunes simulations ne passions de ceux

*Iob. 14.c.
* Plamides
in Cato. II.

2.

Entreprises
poursuiuies

qui

qui deſtournent les conſeils , aucun amour de
ſoy meſme, ſans aucun meſpris & reprobation
des choſes qui ſont par vn neceſſaire deſtin
coniointes à ce que tu dois faire. Vois tu comment il y a peu de choſes par leſquelles l'homme peut mener vne vie heureuſe, voïre ſemblable à la diuine? Car Dieu ne requiert autre choſe de celuy qui les gardera. Sois honteux, ô mon
cœur meſpriſe toy. Car tu n'auras pas long
temps à te priſer toy meſme. Car la vie baille ce
à chaſcun quand elle eſt preſques finie. Ne te
porte donq reuerence: mais laiſſe ta felicité au
penſer d'autruy. Ne ſouffre que tu ſoys mené
çà & là par les choſes, qui aduiennent par dehors, mais te pourchaſſe repos à fin d'apprendre quelque bien. Ceſſe de vaguer. Il y a encor
vn autre erreur qu'il faut fuïr. Aucuns con-
ſommez par les faits, de leur vie radottent: par
ce qu'ils n'ont aucun but, auquel ils dreſſent
leurs efforts, & penſees. Celuy n'a eſté temerai-
rement malheureux, par ce qu'il ne s'eſt enquis
de ce qu'eſt aduenu à l'eſprit des autres. Mais
celuy qui n'obeit aux cauſes, & motifs de ſon
eſprit, il eſt miſerable. Il faut donq auoir ſouuenance de ces choſes. C'eſt quelle eſt la nature de l'vniuers, & qu'elle eſt la mienne: & comme la mienne eſt diſpoſee à ceſte là, qu'elle eſt
icelle partie du tout. Outre ce il n'eſt aucun
qui t'empeſche que tu ne face, & die ce qu'eſt
conuenable à nature de laquelle tu és partie.
Theophraſte parlât de la comparaiſon des pechés

Dieu que
requiert de
nous.

Repos pour
apprendre.

Erreur de
ceux qui
n'ont but.

chés monstre vne trefcommune raifon de con-
ferer enfemble. Les pechés (dit il philofophi-
quement) qui font commis par couuoitife font
plus griefs que ceux qui font commis par ire.
*Parce que celuy qui eft courroucé eftant fai-
fi de quelque douleur eft veu eftre deftorné de
droite raifon. Celuy qui peche par couuoitife
eft vaincu par volupté & eftimé plus immode-
ré, & plus effeminé. Parquoy à bon droit dit
iceluy Theophrafte par fentence digne d'vn
Philofophe que celuy qui a peché par volupté
eft plus coulpable * que celuy à qui douleur
auoit donné caufe de peché : Ceftuy auoit efté
premierement offenfé, & s'eftoit courroucé à
caufe de la douleur. L'autre peché & forfait
par fa volupté & couuoitife. Il faut que tu faffe
tes affaires comme fi tu penfois maintenant fi-
nir ta vie. S'il y a des dieux, tu ne fouffre aucune incómodité par la mort, car ils ne te feront
aucun mal. Mais s'il n'y á point de dieux, ou
bien qu'il y en ait, mais qui ne fe foucient des
chofes humaines quel befoin eft il que Dieu
vefquit au monde vuide de prudence? Mais
certes, Dieu eft, & a foucy des chofes humaines : & a laiffé en la puiffance de l'homme de
choir és vrays maux. Et fi és autres chofes y
auoit quelque mal il y a proueu à fin que l'hom
me n'y cheur. Mais par ce qu'il n'a fait l'homme mauuais, ne mefchant comme euft il peu
rendre fa vie plus pire? Certainement la nature de l'vniuers n'a iamais receu tel erreur (ne

par

* l. quic-
quid. D. de
reg. iur.

* Plato dia
log. xj. des
loix.

par ignorance, ne certaine science, ne comme
ayant pouuoir d'euiter maux, ou d'amender le
pecheur par imbecillité) que les biens, & les
maux aduinsent confusément, ou semblablement aux bons, & aux mauuais. La mort, la vie,
l'honneur le deshonneur, douleur, volupté, richesse, poureté attrouchent les hommes bons,
& mauuais par mesme raison, & moyen : & ne
sont ces choses ne honnestes, ne laides. Elles ne
sont donq ne bonnes, ne mauuaises ! O combien vistement sont toutes choses abolies, le
corps des hommes au monde leur memoire à
iamais ! O combien viles sont toutes choses
dignes de mespris ! O combien elles sont sales,
& ordes subiectes à destruction, & à la mort ! ie
di les choses qui cheent souz les sens, principalement celles, qui attrayent à volupté, ou qui
espouuentent par douleur ou qui ont bruit
par leur orgueil.

Qu'est ce que la mort ? si quelqu'vn la voit
à part soy en pensee, & cogitation, & separe
d'icelle toutes choses qui sont en elle certainement cestuy la n'estimera autre chose estre la
mort qu'vn œuure de nature. Celuy est donq
enfant qui craint l'œuure de nature. Certes la
mort n'est pas tant seulement œuure de nature, mais aussi elle proffite. Par quel moyen a
Dieu touché l'homme ? ou par quelle part ? Dauantage icelle partie comment est elle dispo-
see par c'est attouchement. Il n'est chose plus
miserable que celuy qui cerche soigneusement
                                              enuir

Commun
aux bons &
mauuais.

Mort que
c'est.

enuironnant, & qui (comme l'on dit) furete ce
qu'eſt ſouz terre : & qui s'enquiert par coniecture de ce qu'aduient aux eſprits d'autruy,
& neſcognoit, qu'il ſuffit à chacun ſe prendre
garde à ſon ame, & comme il la faut orner ſelon droit & raiſon. Celuy l'ornera qui s'ab-
ſtiendra de troubles d'eſprit, de vanité, & de
courroux prenant cauſe & occaſion de ce que
fait Dieu, & les hommes. Ce que Dieu fait
merite honneur, & louange à cauſe de vertu :
ce que fait l'homme merite amitié à cauſe de la
parenté; quelquefoys auſſi merite pitié & compaſſion à cauſe de l'ignorance des choſes, qui
ſont bonnes, & mauuaiſes lequel defaut n'eſt
de plus grand eſtime que celuy qui empeſche
que nous ne pouuons cognoiſtre le blanc d'a-
uec le noir. Or combien que tu veſquiſſes trois
mil'ans voire dauantage, ſi eſt ce qu'il faut que
tu te ſouuiennes qu'aucun ne ſe deſmet d'autre vie que de celle qu'il a paſſee. Parquoy vne
longue, ou petite eſpace de temps eſt vne meſme choſe : Car le temps preſent eſt vn meſme à
tous. Combien que celuy qui eſt eſcoulé ne
ne ſoit le meſme que celuy qui eſt perdu. Il
appert que le temps perdu eſt vn point. Mais
quoy ? on ne peut perdre le temps paſſé, ne le
futur. Car comme perdroit il ce qu'il n'a pas?
Il faut donq ſe ſouuenir de deux choſes. La
premiere que toutes choſes ſont de meſme forme de tout temps : & les peut on voir retourner de là d'ou elles viennent par leur cercle &

Erreur de
ceux qui iu
gent de l'e-
ſprit d'au-
truy.

b   n'ont

n'ont entre elles aucune difference.

L'autre que celuy qui a vefcu longuement,
& celuy qui meurt viftement (c'eft à dire qui
meurt ieune) perdent autant l'vn que l'autre.
Car ils font tant feulement priuez du temps
prefent: veu qu'ils n'ont que celuy tant feulement. Or ne peuuent ils perdre ce qu'ils
n'ont point. Toutes chofes gifent en opinion
ce qu'appert parce qu'a efté debatu auec Mo-
nimus Cinicus. Or le profit de ce qu'a efté dit,
eft cler, & manifefte, fi aucun reçoit fa fuauité

Ame com-
ment alai-
dic.

entant qu'elle conuient à verité. L'ame de
l'homme s'alaidit elle mefmes en maintes fortes. Premierement, car entant qu'en elle gift
c'eft vn defloignement certain & prefques vn
vlcere du monde. Elle s'efloigne de nature
quand elle n'endure patiemment ce qu'on luy
fait. Or font toutes les natures d'vn chacun en
vne partie de nature. En apres quand l'ame fe
deftorne d'aucun elle le defdaigne pour l'offenfer qu'eft le propre des courroucez. Troi-
fiefmement parce qu'elle fe laiffe vaincre par
douleur, ou volupté. Quatriefmement elle fait
& dit tout par fainte, & beau femblant. Quin-
tement parce qu'elle ne dreffe à aucun but fes
faits, ne efforts, mais fait tout en vain, & fans
auoir efgard à aucune fin, ne à ce qui s'en peut
enfuyure: attendu mefme qu'il faut rapporter à
quelque but & fin voire les chofes trefpetites.

But de l'hõ
me.

Or eft vne fin propofée à l'homme, c'eft qu'il
enfuyue la raifon, & la loy de la cité tref-an-
cienne

cienne. Le temps de la vie humaine est vn moment, nature coulãte, & le sens obscur. Tout le
corps se pourrit facilemēt*. L'on ne peut aisé- * Cic. lib. 2. ad Heren.
ment cognoistre qu'elle est fortune: elle est tres
incertaine, somme toute, tout ce qu'appartient
au corps à la nature d'vn fleuue. La vie est *vne * Iob y. ca.
bataille & vne peregrination. La renommee
apres la mort est vn obly. Qu'est dõq que peut
mener seurement l'homme: Philosophie. Ceste
cy gist & consiste en ce que tu conserue ton
ame sans souilleure, & de mal, si qu'elle soit vi-
ctorieuse des voluptés, & douleurs à celle fin
que tu ne face aucune chose en vain, en fainte,
ou faussemēt & que tu ne te soucie de ce qu'vn
autre fait ou laisse. Dauantage que tu reçoiues
les choses qu'aduiennent par fatal destin, ou
autrement comme si elles estoyent enuoyees
du lieu d'ou tu és venu, Finalement que tu at-
tendes la mort d'vn cœur paisible, cõme estant
des elemens: desquels vn chacun animant est
composé. Maintenant s'il aduient aucun mal
aux elemens contenans ces mutations desquelles ils se tournent entre eux souuentesfoys
quelle occasion, ou cause y a il pourquoy nous
deuions souspeçonner chose mauuaise, ou ma-
lencontreuse du changement, ou dissolution
du corps vniuersel, attendu qu'il est fait selon
nature & ce qu'est fait selon nature, n'est mau- * Ville en Hongrie.
uais. Tout cecy a esté de batu à Carnonte.*

b 2   LI

LIVRE. III.

I L ne faut pas confiderer tant feulement, que chafque iour la vie fe confomme, & la moindre partie d'icelle eft incontinent apres delaiffee, mais aufsi que combien que quelqu'vn peut viure longue-
ment, il eft toutesfoys incertain s'il aura vne mefme intelligence pour cognoiftre les chofes, & fi elle nous fournira de contemplation, la fin de laquelle eft le fcauoir, & experience des chofes diuines & humaines. Mais fi l'homme commence à radouter, combien que veritablement il a l'eur, & foufle, qu'il foit nourri, qu'il imagine, qu'il fouhaite, & retienne telles facultez, fi eft ce pourtant qu'en luy eft efteint le pouuoir, par lequel il peut vfer de foymefme, & eftre maiftre de fes pafsions & ne peut rendre comte de ce qu'il doit faire. Iceluy pouuoir veut, & commande de mettre chafque chofe en fon rang, & de deliberer de laiffer fa vie, & foy exercer à ce qu'il luy faut faire. Il faut donc fe hafter à ce non feulement parce que la mort luy eft pres, mais aufsi parce qu'il eft defnué de l'intelligence des chofes deuant l'iffuë de fa vie, Il faut aufsi prendre garde que les chofes qui font accrochees comme dependentes de celles qui font faites par nature, ont & rendent quelque grace, & recreation. Comme quand on peftrit le pain nous

voyon

voyons quelques parties d'iceluy estre rompues ce qu'aduient aucunement outre la maniere de faire des boulengers, tel pain toutef-
foys a quelque bonne grace & baille appetit
à la viande. Les figues mesmes lors qu'elles
sont meures sont fendues & parrant ont vne
beauté particuliere: ainsi est des oliues tres-
meures, ores qu'elles soyent presque pour-
ries. Maintenant si quelqu'vn considere à part
soy les espiz se tourner en côtre bas, le sourcil
du lion, l'escume qui sort de la gueule d'vn
sanglier & autres semblables choses, il co-
gnoistra que combien que telles choses sont
esloignees de beauté toutesfoys parce qu'elles
sont naturelles & les ensuyuent, elles ont quelque grace, & resiouïssent. Parquoy celuy qui
contemple attentiuement les choses faites en
nature, il estimera tout auoir esté fait par vn
bel agencement, & auec vne bien seance, voire leur accessoire. Et pour autant il ne pren-
dra moindre plaisir à voir les vrayes gueu-
les des horribles bestes, que celles que les
peintres font. Il regardera. * d'vn œil chaste Effet de cõ-
l'aage meur d'ū vieux, & d'vne vieille, & la fleur templatiõ.
de ieunesse propre à l'amour. Il verra plusieurs
autres choses esquelles plusieurs ne croiront,
sinon ceux qui ont cognoissance de nature &
de ses œuures. Apres que Hyppocrates eut
gueri plusieurs de maladie, luy mesmes mourut. Les Chaldeens ont predit à plusieurs la fin
de leur vie, mais apres, la mort les a saisis. Apres

b 3 que

que Alexandre, Pompee, & Cæsar eurent par
guerres ouuertes rasé plusieurs villes & que
moult grandes compagnies de caualerie, &
infanterie furent occises, eux mesmes finalement moururér. Apres que Heraclite eust beaucoup traité de la nature des choses, & du brus-
lement par lequel finera l'vniuers, luy hydro-
pique apres auoir esté froté de fiante de bœuf,
mourust. Les poux firent mourir Democrite.

* Plato in
Phed. ou de
l'ame, au
cōmence-
ment.
Socrates *print fin par poison. Mais à quelle
fin a esté dit cecy. Tu es entré en la vie, tu as
nauigé : tu as esté porté par mer, va t'en. S'il
faut aller à vne autre vie il n'y aura illec rien
de vuide à Dieu. Mais si tout le sens est osté,
volupté & douleurs n'auront plus lieu : & ne
faudra plus s'asseruir à ce meschant vaisseau.
Ce qui sert demeurera, scauoir est la pensée, &
* c'est le
corps.
l'ame : veu que ce vaisseau * est terre, & pourriture. Parquoy ne consomme le demeurant
de ta vie à autre chose sinon à ce que tu rapportes le tout à quelque commun proffit. Car
autrement, tu serois empestré d'autres affaires.
Car penser que c'est que cestuy cy, ou que cestuy la fait & pourquoy, ou qu'il dit, qu'il bras-
se, qu'il pense & estre soucieux du fait d'autruy, cela nous fait tellement desborder que
Curiosité &
malice fu-
yes.
nous ne prenons garde à nostre principale
partie. Parquoy au rang de noz pensees il faut
fuïr toute vanité, & principalement curiosité,
& malice. Il faut t'accoustumer en ce que tu
pen

penses tant seulement, à ce dequoy interro- Interrogué
gué tu y puisse donner prompte response, & comme re-
spõdra prõ
franche, à fin qu'il apparoisse que toutes tes ptement.
pensées sont sans dol, paisibles & conuenable
à l'homme, & que tu te monstreauoir en mespris ce qu'apporte delectation, & volupté, te
monstrant (di ie) vuide de noises, d'enuie, de
souspeçon, & d'autres choses: lesquelles si tu
confessois auoir transuersé ton cerueau il
faudroit que tu rougisses de honte. L'homme
donq reglé en ceste façon n'a besoing d'attendre le nom de tresbon. Car il est comme L'homme
sacerdot, & ministre de Dieu & vse de ce se exempte
de volupté.
que gist en luy comme mis au lieu contenant
choses sacrees. Cela rend l'homme net & vuide de volupté, non corrompu par douleurs,
non touché d'appetit desordonné, ignorant
de malice, combatant en grandes batailles, (à
fin que les passions ne le ruent ius) teinct de
iustice, content de ce qui luy aduient voire
par fatal destin: ne pensant aux dits, faits ne
cogitations d'autruy: sinon entant qu'vne
necessité publique & tres vrgente l'y contraint: & qu'est ententif à ce qu'il doit faire
en ce qu'a luy touche ou luy est destiné par
fatale ordonnance de l'vniuers à quoy pense
continuellement. Car il estime telles choses
honnestes, & belles: & croit pour certain les
choses que luy sont aduenues estre bonnes.
Car chacun fait est tousiours de mesme sorte,
b 4 & en

& en ameine vn autre auec foy. Il a auſſi fouuenance que tous hommes ſont parens , &
alliez enſemble. Et pourautant eſt bien ſeant
à la nature de l'homme d'auoir ſoucy des
autres, & qu'il ne faut eſtimer bien, & n'auoir
en bonne reputation ſinon ceux qui viuent

ſelon nature *. Il a auſſi en memoire les hommes qui viuent ſelon nature , & comme, ils ſe
gouuernent dans leurs maiſons , & dehors, &
qu'ils font iour , & nuit, & de qui ils s'accom-
pagnent. Il n'a cure d'eſtre loué de ceux cy:
veu qu'ils ne s'apprennent eux meſmes. Ne
fais aucune choſe à regret , ne maugré toy.
Ne ſouffre que tu ſoys retiré en arriere , ne te
ſouuenant de l'humaine ſocieté comme n'a-
yant bien penſé à l'affaire. Ne ſois trompeur
en tes penſees, ne babillard : n'entrepres beau-

coup d'affaires * Car Dieu, qui giſt en toy eſt
ton chef ſoit que tu ſois vieux , ieune , citoyen
Romain , & prince voire de celuy qui s'ap-
preſte, en ſorte qu'il attend bien equipé ſon
deſpart quand la retraite de ſa vie ſera ſon-
nec. N'aye beſoin de ſerement , ne du teſmoignage d'autruy. Aye touſiours vn viſage ioyeux , ſi que tu te puiſſes paſſer du ſeruice eſtranger , & du repos qu'vn autre te pou-
roit donner. Il t'eſt plus vtile eſtre tout
droit qu'apres eſtre tombé te releuer. Il te
faut mettre peine de iouïr de ce que tu treuues en la vie humaine meilleur que iuſtice,
                                    verité,

verité, attrempáce, force, ou autre chose meilleure que ton esprit, contét en soy, entant qu'il
est meilleur selon droite raison * vse (di ie) *c'est à di-
de ce que tu trouueras plus excellent en ton re loy Bud.
lib.1. de trâ
fatal destin, & és choses que sans ton choix te sit. Helenis-
font destinees. Mais ne te fais, moindre qu'vn mi.
autre si tu ne treuues chose plus excellete que
ton ame, laquelle domine sur l'appetit, & qui
examine les choses veuës, qui se retire des persuasions de ses sens, ainsi que disoit Socrates, &
qui se soumet à Dieu, & qui procure pour les
hómes si que par ce moyé il s'apperçoit des cho
ses inferieures & viles. Ne quite (di ie) la place à vn autre en sorte que ne puisses preferer
iceluy tien & propre bien à toutes choses. Car
c'est meschamment fait mettre au deuant du
bien raisonnable, vne chose de diuerse condition à iceluy comme font les louanges du populas, principauté, richesses, & recueil de volu
ptez. Toutes ces choses (s'il te semble bon t'y
addonner) prennent incontinent vne grand
force, si qu'elles font desuoyer du vray chemin. Choisis (di ie) franchement, & sans fain
tise ce qu'est meilleur & t'y tiens. Car ce que
proffite est meilleur. Garde donq ce mesmes
s'il est proffitable par celle raison entant, que
tu as entendement : sinon, reiette le entant que
tu es animant : Retien ton entier iugement:
moyennant que tu ayes soin de n'embrasser aucune chose que te puisse tromper, & contraindre à fausser ta foy, & descouurir ta honte, &

b 5 à haïr

à haïr autruy, à foufpeçon, à maudire, à fimuler
& faindre, & fouhaiter ce qui defire eftre voilé,
& couuert. Car celuy qui baillera premier

Ame victo-
rieufe &
fon effect.

lieu, & la victoire à fa iufte penfee, à fon ame, à
la puiffance de vertu, n'efmouuera aucune tragedie, il ne gemira point. Il ne fe fouciera quãd
les hommes le delaifferont : il n'aura befoin de
l'affemblee d'iceux. Il viura fans le fouhait d'au
cune chofe : il ne fe fouciera s'il viura long téps,
ou peu. Car s'il luy faut incontinent faire de-

*c'eft à dire
il moura.

part, il fera deflié * fi facilemét comme fi auec
vne bien feance, & bonne grace il s'en alloit
executer quelque charge à luy baillee. Si tu
prens garde à ce feul point durant ta vie que
tes cogitations foyent de chofes conuenables
à la focieté ciuile, & humaine, tu ne trouueras,
en ton cœur aucune chofe corrõpue, fouillee,
ou orde.) Car la mort ne rauit encor la vie im-
parfaicte ainfi que l'on pourroit dire d'vn

Voy de ce
cy deffous
liure 12. fur
la fin.

ioüeur de tragedies qui s'en va, la * tragedie
n'eftant finie.) Celuy (di ie) ne treuuera en fon
cœur aucune chofe feruile, fardee, liee, feparee,
fubiete, ou cachee. Que la partie qui tient en
toy principauté, ne faffe deffein qui ne foit
conuenable à nature, ou à l'ordonnance de
l'homme iufte, & bon. Le deuoir & office, ou
effect de laquelle conftitution gift en ce que

*par la loy
de Draco.
& la loy di
uine Exod.
20.

nous abfteniõs de l'autruy, * & que nous obeïf
fions à Dieu. Parquoy (toute autre chofe mife au loin) retiens ce peu en ta memoire, c'eft
qu'vn chafcun vit au temps prefent qu'eft le
point. Le refte de la vie ou il eft paffé, ou il eft

incertain. Le temps * qu'vn chacun vit, est bien *Iob 14.ch.
petit. L'homme est estranger en la terre, ou anglet d'icelle ou il vit. La renommee voire tres-
longue apres la mort est trespetite chose, & de
peu de duree : entretenuë, & conseruee par la
succession des homes aux voire ne se cognois-
sans, voire, di ie, de celuy qui est mort long
temps y a. Il faut ioindre aux commandemes
que i'ay cy dessus recité vn autre, c'est qu'il
faut faire vne definition, ou description de la
chose que tombe en nostre pensee en quelque
temps que ce soit, par lequel moyen tu puisse **Moyen de**
traiter icelle pour cognoistre quelle est sa na- **traicter des**
ture nue, & comme elle est separee de toutes **pensees.**
autres. En apres quel est son propre nom : & dequoy elle est composee, & en combien de pars
elle sera des-assemblee. Car il n'y a chose en ce
monde qui esleue plus le cœur par grandeur
d'esprit, & moyen pour pouuoir examiner au
vray toutes & chascunes les choses qui se pre-
sentent à nous en ceste vie, que cōtempler tousiours & examiner le tout en ceste sorte, à fin
qu'elle soit ensemblement apperceuë, à quoy
elle sert & proffite à chasque partie de l'vniuers, & quelle estime il faut auoir non seulement de l'vniuers, mais aussi de l'homme qui
est citoyen de la souueraine cité. Qu'est ce, &
de quels elemens est fait ce qu'apporte pensee
en mon cœur ? & combien de temps doit ce
perseuerer ? Par quelle vertu t'es tu serui à ce?
n'a ce pas esté de douceur, force, verité, foy, &
simplic

simplicité,& de ce parquoy ie fuis plus idoyné
que les autres ? Il faut maintenant parler d'v-
ne chafcune d'icelles. Cela vient diuinement

*S. Iaques
cha.1.

& d'enhaut. * Cela eft iffu de mon parent , &
compagnon, ne fachant qu'elle eft fa nature.
Quant à moy ie l'ay cogneu,& vfe volontiers
de ce, felon la loy naturelle de focieté. Ie fais
droitement coniecture au milieu des chofes,à

* moyé
retenir &
entretenir
focieté.Or-
phe aux hy
mnes.

fin que ie baille à chacun * le fien,ainfi qu'il eft
raifonnable. Tu viuras bien fi en enfuyuant
droite raifon, tu fais diligemmét , en fermeté,
& fans regret ce qu'eft fur le point d'eftre fait,
& fi tu ne mefle aucune autre chofe en l'affaire
entreprins, & encommencé & par ce moyen
entretiendras ton ame pure , & nette ainfi que
fi maintenant il la te fallut laiffer:& fi tu continue ainfi en n'attendant,& n'euitant rien,mais
content de ce que tu fais felon nature,& heroï-
que verité en faits & dits. Et ne pourras eftre

l'homme
foit touf-
iours preft.

empefché par aucun. Or tout ainfi qu'vn chi-
rurgien voulant guerir vne foudaine maladie,
a fes inftrumens & ferremens prefts, ainfi dois
tu auoir preft & eftre bien promptement garni
des enfeignemens pour les chofes diuines &
humaines. Car tu ne fcaurois accóplir aucune
chofe, fi tu ne la rapportes, & remets à Dieu.

*S.Ieã cha.
1.de fon E-
uangile.

* N'erre plus: car tu ne liras plus tes memoi-
res, & papiers, ne les faits des Romains, &
Grecs, ne tes recueils que tu as mis en referue
pour t'en feruir en vieilleffe. Partant hafte toy
d'aller à la fin delaiffant tes vaines penfees:aide

à toy

à toy mefmes: car tandis qu'il t'eſt l'oiſible tu
n'as eſgard à toy. Aucuns ne ſcauent combien
de ſignifiez ont ces mots, deſrober, ſemer, ache-
ter, ſe repoſer, voir que c'eſt qu'il faut faire. Le
dernier deſquels n'eſt veu des yeux corporels:
mais par autre voir. Les ſens ſont du corps,
l'affection du cœur, & les enſeignemés de l'entendement. L'imagination d'aucune choſe &
le voir nous ſont commun auec les beſtes brutes. Eſtre incité pour aſſouuir ſes appetits aduient aux beſtes terribles, à ceux qui ont deux
natures, à Phalaris, à Nero. Auoir l'entendement pour conducteur és choſes qui ſe mon-
ſtrent eſtre du deuoir giſt auſſi en ceux, qui
nient que Dieu ſoit, qui laiſſent leur patrie, &
qui commettent tous cas vilains apres auoir
fermé leurs portes. Si ce donques, de quoy
nous auons cy deuant parlé, eſt commun à
tous, il s'enſuit tresbien que l'homme de bien
a quelque choſe particuliere, ſcauoir eſt endurer volontiers ce qu'aduient voire par deſtin
fatal, & de n'eſmouuoir l'ame miſe en la poi-
ctrine, & ne la troubler par la trouppe des choſes veuës, mais l'entretenir en repos & luy
obeïr conuenablemét, ne dire choſe eſloignee
de verité, & ne faire aucune choſe contre iuſtice. Si quelqu'vn des hommes ne veut croire
que tel homme vit ſans dol, modeſtement, &
en repos, il ne s'en courroucera, ne faſchera
pourtant, & ne ſe deſtournera du ſentier le me-
nant là, ou doit paruenir l'homme net & qui
eſt

est à requoy, & qui est facile à deslier, & qui
non contraint s'applique à son ame.

LIVRE IIII.

I la partie, qui est en nous principauté, se porte, & regit selon
nature, elle s'appareillera tellement à receuoir ce qu'aduient,
qu'elle se ioint facilement, quel-
que temps que ce soit, à ce qu'est possible, &
permis. Car elle n'a matiere propre, ne particuliere à soy, mais auec vne certaine exception
elle est rapportee à ce que luy est proposé tellemét qu'elle prend pour soy ce qu'on luy offre. Tout ainsi que le feu a plus de force que ce
que tombe au dedás dequoy vne petite lampe,
ou chandéle est tantost estainte:mais vn grand
feu s'approprie ce qui cheoit au dedans, & le
consomme, & en croit. Il ne faut rien faire en
vain, & non autrement qu'auec contempla-
tion:par laquelle le defaut de l'art est rempli,
& comblé. Les hommes cerhent communé-
ment lieux pour s'y retirer à part, les champs,
les riuages, les montagnes. Et toy aussi as accoustumé de souhaiter telles choses. Mais
Retraite de quoy? c'est le naturel des ignorans,& hommes
l'homme. de basse condition. Il t'est loysible de te retirer à toy mesmes à toute heure que bon te semblera. Car il n'est lieu auquel l'homme se puisse retirer (pour iouïr de repos) qu'à son entende

dement, principalemēt celuy qui a en ſoy vne
tranquillité d'eſprit ayant au dedans toutes
choſes bien ordonnees, & agencees. Retire toy
là d'vne ſuite, & te renouuelle. Aye en toy cho
ſes qui te ſeruēt d'elemens & icelles te deli-
ureront de facherie & te renuoyeront n'eſtant
malcontēt de ce à quoy te retournes. Mais de
quoy és tu malcontent? és tu marri de la malice des hommes? Penſe à par toy qu'il faut ainſi
ordonner que les hommes ſont naiz l'vn pour
l'amour & cauſe de l'autre. Penſe (di ie) que
prendre les choſes en bonne part eſt partie de
iuſtice, & que tels ne pechent point volontairement! O combien en y a il, qui ſont morts,
& reduits en cendre naurez par inimitiez, hai-
nes & ſouſpeçons! Et pourtant ceſſe donq.
Ton fatal deſtin, t'eſt il ennuyeux? Reduis en
memoire comme la prouidence a ſeparé les
parties de l'vniuers que nous monſtre que le
monde eſt comme vne cité. Ce que touche le
corps te faſche il? Prens garde à ton entendement, qui ayant reprins force il n'eſt entremeſ
lé de l'eſprit eſmeu aigrement, ou doucement.
Dauantage ſouuienne toy de ce que tu as ouy
de volupté, & de douleur: & y conſens. Vn peu
de gloire te rend il ſoucieux? regarde combien
ſoudeinement oubli efface toutes choſes. Contemple qu'il y a vne confuſion generale d'vne
part & d'autre: de l'aage & temps infini. Penſe
cōbien eſt vain le ſon de renommee, cōbien
grāde eſt l'inconſtāce & incertaineté des opinions,

Prendre en
bōne part.

Rōnōmee
vaine.

nions, humaines, & combien eſtroit eſt le lieu
ou ces choſes ſont encloſes. Car la terre eſt vn
point : & (qui plus eſt) vn petit angle d'icelle
eſt habité. Penſe (di ie) combien il y en a, ou
quels ſont ceux qui te louëront. Parquoy ſou-
uiéne toy de te retirer à la partie giſant en toy
& laquelle ie t'ay cy deuant monſtré : & ayes
principalement cure que tu ne ſois attrait de
couuoitiſe ains demeure en liberté en prenát
garde aux choſes, ainſi qu'il eſt conuenable à
l'homme à vn citoyé, au mortel. Tu dois auoir
deux choſes en main. La premiere, que les choſes ne touchent point l'ame mais eſtans affer-
mies hors d'icelle ayent leur duree. Les troubles iſſent des opinions interieures tant ſeulement. L'autre, qui toutes ces choſes que tu vois
ſeront incontinent changees, & ne ſeront plus.
Penſe touſiours en combien de changemens
tu as eſté preſent. Certes, le monde ſe change en
diuerſes manieres : mais la vie giſt en opinion.
Si l'intelligence eſt commune aux hommes, la
raiſon ſera auſsi commune pour laquelle nous
auons cela commun. Si ces choſes ſont ainſi
raiſon, qui commande ce qu'on doit faire, &
fuïr, ſera commune à tous, & conſequemment
la loy. S'il eſt ainſi, nous ſommes donq citoyens, & conſequemment participans d'aucune cité. D'ou s'enſuit tresbien que le monde eſt comme vne cité. Car de quelle autre cité pourrions nous eſtre communs au genre
humain ? Mais à ſcauoir mon ſi nous ſommes
capab

Le monde eſt Cité.

capables d'entendement par le moyen de ceste
cité? ou si ce, ou l'vsage de raison, & de la loy
vient d'ailleurs? Car comme nous auons en
nous aucunes parcelles terrestres venans ou
produites de quelque terre, & que l'humeur
issist de quelque autre element & que l'esprit,
la chaleur, & la nature du feu sortent vers
moy de chasque fontaine & source, (car il
n'est chose qui isse & vienne de quelque lieu,
& qui ne s'en voise en quelque lieu,) ainsi
l'intelligence nous est donnee d'autre part.
La mort, & la vie sont secrets de nature, Secrets de nature.
vne confusion, & meslange de mesmes ele-
mens. Finalement ce n'est pas chose de laquelle il faille auoir honte. Car ce n'est contre les causes de l'animant ayant pensee, ne
la cause de sa composition, & facture. Ces
choses sont ainsi & par ces causes faites necessairement. Mais celuy qui ne voudra ainsi
estre fait, face ainsi comme s'il vouloit que
le figuier n'eust de suc. Il faut que tu aduises
qu'il te faut mourir, & les autres aussi, & que
mesmes vostre nom ne demeurera gueres
apres. Oste l'opinion, la pensee du dommage Mort à tous commune.
receu sera aussi ensemblement abolie, mes-
mes il n'y aura plus de dommage. Ce que ne
peust rendre l'homme pire que soy mesme ce
mesme n'empirera la vie & n'offensera ne par
dedans, ne par dehors. Nature a fait cela necessairement, pour le profit, à fin que ce

qu'aduiédroit, aduint iustement. Tu trouueras
la chose estre ainsi si tu y prens garde. Ie di aussi
cecy estre fait non seulement pour la consequence & suyte des choses: mais aussi à cause
de la raison de iustice * parce que baillé à
chascun le sien selon son estat. Parquoy pour-
suis & continue d'y prendre garde ainsi que
tu as encommencé. Et quoy que tu face, fais
en sorte, que y ioignant bonté l'on cognoisse
veritablement que tu és homme de bien.
Prens garde à ce en tous tes faits. Il ne faut
pas que tu entendes ainsi que celuy qui fait
tort, ou veut iuger & estimer de toy comme
il en est d'aduis. Mais regarde plainement à
la chose, & affaire quelle elle est veritablement. Il faut auoir tousiours en main deux
choses. L'vne que tu faces ce que t'enhorte la
partie qui a son regne sur toy, & qui a pouuoir de t'imposer loy & ce pour le profit des
hommes. L'autre que s'il y a quelqu'vn qui
te vueille corriger ou destourner de quelque
opinion que tu changes d'aduis: moyennant
que tel changement merite * foy de iustice &
ce pour le profit public, & auancement de
la republique, & non pour vne volupté, ou
vaine gloire. Es tu raisonnable ? pourquoy
n'vses tu de raison : Car quelle autre chose
requiers tu. quand elle fait son deuoir. Tu
sçais bien qu'il te faut mourir aussi bien que
la partie de l'vniuers, qui ta produit. Mais,
le

* Orphee
en ses Hy-
mnes.

* Foy est
sœur de iu-
stice. Hora-
ce aux O-
des.

le changement fait, tu feras faifi & porté à
l'entendement qui eft fource des autres.
L'on void plufieurs grains d'encens mis fur
l'autel: mais l'vn eft pluftoft furprins par le
feu, que l'autre. Dans dix iours tu fembleras
eftre dieu à ceux qui maintenant t'eftiment
befte, & cinge, Car tu te retires aux enfeignemens, & veneration de la penfee. Ne penfe
pas pourtant que ta vie foit alongee d'an-
nees infinies. Car la mort t'eft prochaine.
Parquoy cependant que tu és en vie & qu'il
t'eft loyfible, mets peine d'eftre bon. * O combien de repos s'acquiert celuy qui n'a foucy
de ce que fon prochain fait, dit, & penfe;
mais feulement de ce que luy mefmes fait: &
qui met peine que fon fait foit iufte & loyfible. N'aduife pas aux noires * meurs, ainfi
que Agatho Poëte le dit: mais tiens la ligne
propofee droitement fans aller ne çà, ne là.
Celuy qui defire d'eftre renommé apres fa
mort, ne penfe point, que ceux qui feront
mention de luy mourront, voire ceux qui
viendront apres, & ce iufques à ce que la renommee efparfe par les hommes efpouuentez,
& morts fera abolie. Dauantage mets le cas,
que ceux qui auront fouuenance de toy foyent immortels & que par ce moyen ta memoire fera immortelle à quoy te profitera,
ou feruira cela foys mort, ou viuant, finon
à caufe de certain maniement. Laiffe main-

tenant

*Cependāt
que nous
auons le
temps, fai-
fons biēdit
S. Paul.

* tu verras
cy apres q̃
c'eft.

tenant le don de nature non conuenable à ce
temps: nous en traiterons cy apres. Tout ce
qu'est beau est tel de soy, & s'accomplist en
soy mesmes, & n'a louange en partie. Parquoy ce qu'est loué n'est ne pire, ne meilleur.
Ce que ie veut aussi estre entendu des choses
qui sont appellees belles, ou bonnes par vn
nom plus commun: parce qu'elles sont faites
de matiere, & par artifice. Mais ce qu'est veritablement bon n'a plus besoin d'aide d'autre chose à fin qu'elle soit bonne, non publique, la loy, verité, repos d'esprit, ou modestie.
Si donq on louë vne de ces choses icy sera
elle bonne pourtant? Au contraire si l'on la
mesprise sera elle pource corrompue, & ga-
stee? Certainement, si l'esmeraude n'est louee,
elle perdra quelque chose de sa bonté. Que
dirons nous de l'or, de l'iuoyre, du poulpre,
du glaiue, de la fleur, de l'arbrisseau? En tout
souhait il faut auoir esgard à iustice, & de
certaineté en toutes cogitations. Tout ce que
te duit & t'est seant, (ô nature des choses)
ce mesmes m'est conuenable. Et n'est chose
qui te soit en saison, qui ne soit trop tost, ou
trop tard. Tout ce que tes heures apportent
i'estime estre mien, ie le pren pour mon fruit.
De toy issent toutes choses & sont en toy seule,
& retournent à toy. Quelqu'vn disoit, ô bien
* Roy d'A-
thenes. aymee ville de Cecrops *. Mais moy pourquoy ne diray ie de toy? O bien aimee ville de
Dieu,

Si tu as soing du repos d'esprit, fais (dit il) peu de choses. Car il n'est chose d'ou l'on tire plus de profit, que faire ce qu'est necessaire, & ce que la raison de l'homme n'ay à compagnie aime. Car cela produit tranquillité d'esprit: non seulement en bien faisant mais aussi en faisant peu. Car si quelqu'vn oste le superflus & ce qui n'est point necessaire de noz faits & babil, celuy certainement iouïra de plus grand repos, & sentira moins de troubles. Et pourtant il faut aduiser en chasque affaire que nous ne faisions chose qui ne soit necessaire, & qu'il faut euiter non seulement tous faits inutils: mais aussi toutes pensees qui n'apportent profit, & parce moyen aucun acte superflus ne s'en ensuyura. Essaye toy à fin que la vie d'vn homme de bien s'accorde & conuienne auec toy. Ie di de celuy qui endure patiemment ce que luy a esté destiné par l'ordonnance necessaire, & est content de ses actes iustes & de son estat paisible. As tu veu ce que dessus t'a esté dit? regarde ce que suit. Ne te trouble point, mais va rondement. Celuy qui peche & forfait, il peche à soy mesmes. Si quelque chose bonne t'aduient, elle t'a esté destinee des le commencement. Or veu que la vie *de tous soit brefue il faut mettre peine de gaigner & s'acquerir maintenant droite raison & d'ensuiuir iustice, & n'estre lasche de courage. Ou le monde est fait & composé par vn ordre certain, ou c'est vne confusion de

*Iob 14.

choses

choſes entremeſlees c'eſt toutesfoys vn monde. Mais veu que ordre peut auoir lieu en toy:
dirons nous que l'vniuers eſt aſſemblé ſans
ordre aucun? attendu meſmes que les choſes qui ſont en luy ſont ſi bien miſes par ordre,
eſparſes d'vne fort bonne grace & affectees
Noires entre elles. Les meurs noires ſont appellees
meurs. meurs effeminees, laſches, dures, cruelles,
ſemblables à celles des enfans, & des beſtes
eſtourdies, fardees, flateuſes, & tyranniques.
Si celuy qui eſt veu eſtranger au monde, ne
cognoit pas les choſes qui ſont en iceluy,
non moins eſtranger ſera eſtimé celuy qui ne
cognoit ce qu'on fait. Celuy eſt banni qui
Aueugle. euite l'affaire ciuil. Celuy eſt aueugle qui a
les yeux de cognoiſſance fermez. Celuy eſt
poure qui a beſoin d'autruy, & qui n'a riere
ſoy ce que luy ſert à la vie. Celuy eſt vn deſpart & vlcere du monde qui ſe ſepare & di-
diſtrait de la raiſon de nature commune eſtant
mal content de ce que aduient. (Car nature
qui ta produit, produit toutes choſes.) Celuy
qui retire ſon ame de la commune & vnique
penſee de tous vſans de raiſon, & la retranche,
celuy (di ie) eſt vn lopin coupé d'vne cité.
Philoſo- L'vn philoſophe ſans longue robbe, l'autre
phes diners. ſans liure, l'autre à demi nud, diſant qu'il n'a
point de pain, & toutesfoys dit qu'il s'appuye
ſur droite raiſon, qu'eſt la loy. L'autre dit que
ſa ſcience ne le nourrit point, & toutesfoys il
continue en ſa profeſſion. Quand à toy ayme
                                                    l'art

l'art que tu as apprins, & te repose sur iceluy.
Passe le demeurant de ta vie en sorte que tu
ne t'establisse ne serf, ne seigneur d'aucun.
Considere (par exemple soit dit) Considere
(di ie) ce qu'aduint au temps de Vespasian, tu
trouueras qu'alors les hommes se marioyent,
nourrissoyent leurs enfans, qu'ils furent malades, & moururent qu'ils faisoyent guerres,
celebroit les festes trafiquoyent marchandises
s'addonnoyent à cultiuer & labourer la terre,
qu'ils estoyent flatteurs, obstinez, soupçon-
neurs, guetteurs, souhaitans leur mort, qu'ils
ont aimé ceux qui se sont plaints de l'estat
present des choses, qu'ils ont amassé thresors,
bref tu verras qu'ils ont demandé royaumes
& consulats. Et toutesfoys la vie d'iceux n'est
elle pas abolie? Venons au temps de Trayan,
nous y trouuerons ce mesmes que dessus, &
que les hommes d'iceluy temps sont morts.
Pareillement si vous considerez les autres aages & nations, vous verres combien grand
nombre d'hommes s'efforçans monter au som- *Ambitieux*
met de la souueraineté & hauts honneurs *& leur fin.*
sont cheuz, & sont resouls en elemens voire
ceux qui sont dignes de memoire, & lesquels
tu as cogneu desirer choses vaines, apres qu'ils
cessarent de faire ce à quoy ils estoyent naiz
& faits selon nature, & des y tenir & ioindre
auec vn contentement. Il faut aussi auoir souuenance de se gouuerner en chacun ses faits
selon que la maniere, & estat le permet. D'ou

c 4 s'en

s'enfuyura que t'arreftant plus long temps
qu'il n'eft lfeant & conuenable mefmes aux
chofes de petite importance, tu ne receuras
aucune fafcherie. Iadis eftoyent quelques
mots & vocables en vfage, qui feruent maintenant d'interpretation: ainfi eft il maintenant
de ceux qui furent iadis trefrenommez, qui
maintenant font, aucunement, glofes. Tels
ont efté Camille, Gefo, Volefus Leonnatus,
& peu apres Scipion, Catb, Augufte, Hadrian,
Antonin. Toutes ces chofes font efuanouïes
& venues à neant, & ceux là font deuenus fables. Toutes chofes font incontinent perdues
par obly. Ie di cecy de ceux qui s'eftoyent acquis vn renom merueilleux. Car les autres incontinent apres qu'ils font morts, ne font
point prifez ains incogneuz. Qu'y a il, fomme
toute, de quoy la memoire foit eternelle. Toutes chofes * font vaines. Que faut il donq defirer? A ce tant feulement que noz penfees foyent iuftes, & droites, & noz faits ayent regard à la focieté humaine, que la raifon
ne te deçoiue iamais, & que ton efprit foit dif-
pos de forte que tu appreuues, & treuues bó ce
qu'aduient. Comme iffant d'vn mefme cómen-
cement & fontaine. Soumets toy volontairement au deftin, & ordonnance neceffaire,
fouffre ce que t'a efté deftiné. Toutes chofes
font pour long temps & ce d'autant qu'on fe
fouuient d'aucun, ou qu'on fait métion de luy.

Con

*Ecclefiaft.
cap. 4.
Defirs quels
doiuent e-
ftre.

Confidere toufiours toutes chofes eftre faites
par changement, & n'eft chofe plus vfitee en
nature que le changement & renouuellement.
Car toutes chofes qui ont leur eftre en nature,
font femence de celles qui en doiuent fortir,
& naiftre. Car c'eft feulement aux hommes semence.
grofsiers, & ignorans de penfer que femence
foit tant feulement ce qu'on feme en terre. Tu
mourras maintenãt, & ne feras cy apres ce que
tu és à prefent, tu feras fans malice, vuide de
troubles, ne penfant qu'aucun dommage te
puiffe eftre apporté de dehors, benin à tous,
eftimant prudence eftre mife en ce que tes faits
foyent droits. Regarde à la principale partie
des autres, & que c'eft que les prudens fuyent,
& qu'ils fuyuent. Certes ton mal ne gift en l'e-
fprit des autres, ne en aucun cours tournemét,
ne changemét du ciel. Ou gift il donq? en toute
opinion des maux. N'eftime donq aucune cho
fe eftre mauuaife & tout ira bien. Que s'il ad
uiét que ton corps foit tranché, mis par pieces,
bruflé, apoftumé, ou pourry à tout le moins,
que la partie qui doit iuger des chofes, foit en
repos, c'eft à dire, qu'elle n'eftime ne bon, ne
mauuais ce que peut également aduenir tant
aux bons, qu'aux mauuais. Car ce qu'aduient
à celuy qui vit felon nature cela n'eft ne felon,
ne contre nature. Penfe à part toy continuellement, que le monde eft vn certain animal,
vne nature ayant vn efprit, & tout ainfi que
toutes chofes font rapportees à leur fens. feul,

c ij auf

aufsi font elles conduites par vn feul appetit
les mouuans. Et toutes chofes font en partie
caufe des autres. Faute aufsi en apres penfer
quel eft l'ordre, & compofition des chofes. Epictetus difoit, que tu és vne petite ame portant
vn corps mort. Il n'y a aucun mal és chofes,
qui foyent en changement, tout ainfi qu'il n'y
a aucun bien és chofes qui font du changemēt.
Aage que
c'eft. Aage eft vn flot & vague vifte des chofes qui fe
font. Car tout enfemblement l'vn fe monftre,
l'autre paffe, & l'autre fuit, & incontinēt vn
autre furuiendra. Ioint, que tout ce qui nous
aduient eft ainfi accouftumé, & cognen, que la
rofe au prin temps, & les fruits en efté. C'eft vn
mefme efgard de la maladie, de la mort, de calomnie, guerremēt & des autres chofes qui rendent les fols ioyeux, & triftes. Les chofes, qui
fuyuent incontinēt apres, prennent deuëment
la place des precedentes. Car non feulement
leur nombre eft certain, & depēdant de la feule
neceſsité, mais aufsi leur liaifon & entralas eft
conuenable. Et tout ainfi que les chofes font
cōpofees entre elles par ordre certain, ainfi les
chofes qui fe font: monftrēt nō vn fuccez nud,
ains vne merueilleufe conionction & alliance
Elemens,
mort l'vn
de l'autre. entre elles. Il faut toufiours auoir en memoire
la fentence d'Heraclitus, que la mort de la ter-
re eft l'eau, l'air de l'eau, le feu de l'air, & ce tour
à tour. Il fe faut aufsi fouuenir de celuy qui ne
fcauoit ou il alloit, & combien que nous han-
tions & frequentions auec raifon, laquelle regit

git l'vniuers, ils ne s'accordent toutesfoys,
auec elle. Et partant les choses, esquelles chacun iour ils cheent, leur semblét nouuelles, &
estrâges. Mettós diligément à execution ce par Executer
droit & bon conseil aurós entreprins, de sorte côme faut
vne entre-
qu'au milieu du fait il ne faille cesser ou faillir. prinse.
Car en dormant il nous semble que nous fai-
sons quelque chose, neátmoins nous ne faisons
rien. Si l'on te disoit, il te faut mourir demain,
ou d'icy à trois iours, tu ne te soucierois pas
beaucoup de preferer le troisiéme iour au lendemain. Car combien y a il d'espace? Ainsi estime qu'il ne te faut pas faire grand difference
de mourir demain, ou d'icy à mille ans. Pense
souuent combien de medecins sont morts, qui
regardans les malades ont tenu vne morgue
orgueilleuse : combien de Mathematiciens se
sont vátez predisans aux autres l'issuë de leurs
vies. Combien de Philosophes, qui affermoyét
beaucoup de la mort, & de l'immortalité.
Combien en y a il qui ont receu louange des
faits de la guerre apres auoir occis plusieurs
hommes. Combien de tyrans lesquels comme
immortels ont auec vne arrogance vsé de leur
pouuoir. Combien : de villes ont esté rasees
quelles ont esté Helice, Pompee, Hercules, &
autres qu'on ne scauroir nommer. Assemble &
ioint à ce que dessus ceux que tu as cogneu l'vn
apres l'autre. Ce qu'estoit hier poisson vif, sera
demain salé & cendre. Et partant faut penser
que le temps que par nature a esté mis & esta-
bli

bli est caduc, & transitoire, & qu'il faut faire
despart de ceste vie sans se contrister, ainsi que
l'oliue meure chet de l'oliuier, qui la produite
& portee. Tu dois estre semblable à la monta-
gne s'estédant sur la mer contre laquelle heur-
tant les flots & vagues iournellement se frois-
sent, mais elle demeure en son estre, & les vagues escumans flottent à l'entour. Quelqu'vn
pourroit dire, ô moy malheureux à qui est ce
aduenu! mais plustost ie me di heureux d'autant que i'endure & porte patiemment ce meschef, & ne perds courage pour les fortunes
presentes, & si ne crains l'aduenir. Car tel meschef peut aduenir à vn chacun. Mais ce n'est à
vn chacun receuoir tel meschef sans en estre
fasché. Pourquoy attribues tu donq cela à mal
encontre, & cecy à felicité? Ou pourquoy ap-
pelles tu cela malheur de l'homme, en quoy la
nature de l'homme, n'a souffert aucun mal? Ou
te semble cela le dommage de la nature humaine ce que n'est contre la volonté d'icelle?
Quoy donq? Ce meschef peut il empescher que
tu ne soyes iuste & droit, homine de grād courage, attrempé, bien aduisé, prudent, garanti
d'erreur, modeste, franc? Ou telle infortune
peut elle oster ce qui est propre, & peculier à la
nature de l'homme? Parquoy toutesfoys &

Aduersité
aduenant
qu'elle opi-
niō faut a-
uoir. quantes qu'il t'aduiendra chose qui te pourroit
esmouuoir à douleur, souuienne toy de c'est
enseignement scauoir est, qu'il ne faut pas appeller cela malheur, ains le faut attribuer à felicité

licité à fin de le porter patiemment. Il y a vn
remede de petite estime mais toutesfoys proffitable, sçauoir est qu'il faut reduire en memoi
re ceux qui ont longuement vescu, qu'ont ils
plus acquis que ceux qui sont morts en la fleur
de leur aage: certes ils gisent aussi bien morts
que les autres. Cadecien, Fabius, Iulian Lepi-
dus, & leurs semblables apres auoir loué les autres eux mesmes ont esté esleuez. Car l'espace
du temps est trop petite, mais ie vous laisse à
penser auec combien de trauaux, entre quelles
gens, & en quel petit corps il le faut passer?
N'estime donq la mort comme chose difficile.
Regarde la grandeur excessiue de l'aage passé,
& de celuy qui suit. De combien de temps est
surpassé celuy qui vit tant seulemét trois iours
par celuy qui a vescu trois cens ans. Entré
tousiours en vie brefue. La vie que nature a
presix est brefue. * Parquoy en faits & dits en- *Iob 14.
suis ce qui est iuste & droit. Ceste intention
deliure de labeurs de la guerre, de l'affaire do-
mestique du soin & soucy d'iceluy.

LIVRE V.

Vand tu t'esueille à regret au ma
tin il te faut promptemét penser
que tu te leues pour faire quelque œuure humaine. Partát (di-   L'homme
ras tu) ie m'en vay faire à regret   est n'ay
ce pourquoy ie suis n'ay, & venu en ce monde.   pour trauailler.

Ay

Ay ie eſté fait à ce que couche dans vn lict ie
m'eſchaufe? quoy? cecy n'eſt il pas plus plaiſant & delectable? Es tu donq n'ay à volupté,
& non au trauail? ne vois tu pas que les petits

* Salomon
Prou. 6.

paſſereaux, les fourmis, * les araignes, les mouſ-
ches à miel ententiues à leur deuoir? & tu re-
fuſes ce qu'affiert, & attouche l'homme! & ne
t'employe à ce qu'eſt conuenable à ta nature?
Or (diras tu) il faut prendre repos? bien, ainſi:
ſoit mais nature a prefix, & ordóné la meſure,
& moyen au repos, tout ainſi qu'au boire & au
manger: mais quoy? tu paſſes meſure voire la
ſuffiſance: & t'arreſtes en faiſant ce que tu dois
faire & ne le fais à demy. Et cela ſe fait pourautant que tu ne t'aymes point toy meſme. Car
autrement tu aimerois, & ta nature, & ſa volonté. Car ceux qui aiment leur art, & meſtier
s'employent tellement à leur beſoigne qu'ils
ne ſe ſoucient de manger, ne de boire. Tu ne
priſe pas tant ta nature, qu'vn tournoyeur, ou
farciſte, ſon art, que l'auaricieux ſon argent, le
glorieux ſa gloire. Car ceux qui ſont deſireux
de telles choſes laiſſent le boire & le manger
pour les accroiſtre, & auancer. Or les affaires
appartenans à la ſocieté humaine te ſemblent
viles, & dignes d'vn bien petit ſoin! O combien eſt facile reietter, ou effacer toute penſee,
qui trouble l'eſprit, ou ne luy eſt conuenable
& mettre en tranquillité d'eſprit! Eſtime tout
dit, & fait t'appartenir, & t'eſtre bien ſeant, s'ils
ſont ſelon nature. La reprehenſion, ou paroles

des

des autres fuyuans telles chofes ne te deftour-
ne point. Et n'eftime indigne de toy ce qui eft
beau, & de bonne grace en fait ou dit. Les vns
fuyuent autre raifon, les autres leurs appetits.
Efquels ne te faut auoir regard : ainfi te faut aller tout droit ou c'eft, que ta nature & celle qui
eft commune à tous te conduit. L'vn, & l'autre ont vne mefme voye. Ie vois auant par là
mefme qu'eft felon nature iufques à la mort. Ie
rêds l'efprit, qui chafque iour infpire, & ie tombe en terre d'ou mon pere a prins ma femence,
& ma mere mon fang, & ma nourriffe fon laict.
Ie di la terre qui ia tant d'années me nourrit
chafque iour, & laquelle me portant ie foulle
aux pieds, combien que i'abufe d'elle en tant
de fortes. Il n'y a dequoy l'on fe doiue efmerueiller de ta grand aufterité, bien, ainfi foit.
Mais il y a beaucoup d'autres chofes aufquel-
les tu és conuenable : ce que me fines tu ne peux
nier. Mets donc en auant, & monftre ce que
gift en toy entierement, fçauoir eft, integrité,
fermeté, le port de trauail, l'abftinence de volupté, & que ton efprit eft conftant de fa condition, fouhaitant peu, paifible, franc, vuide de
curiofité, & menfonge, & que ton efprit eft
treshaut. Tu ne cognois pas combien de chofes tu peux faire defquelles nature n'a excufe
n'y eftant idoine : & neantmoins tu demeures
au deffous de ton bon gré te monftrant foible,
ou tu as pouuoir. Quoy ? nature bien peu garnie te contraint elle te courroucer, trop tar-
ger,

ger, flatter, t'accuſer, reprouuer ta condition,
à eſtre volage, & inconſtant non certes : ains à
eſté en ta puiſſance te deliurer de ces maux
long téps y a. Il n'eſtoit autre vice, que ceſtuy,
c'eſt que tu eſtois trop groſſier d'eſprit, ſi que
tu ne pouuois comprendre ce qu'on te mon-
ſtroit : mais il falloit corriger cela par exercice:
à fin qu'incontinent apres tu vinſes à penſer à
ta tardiueté, ou que tu n'y prinſes plaiſir. Il y a
trois ſortes de gens qui font bien aux autres.
Les premiers ſont ceux qui ayant fait plaiſir
eſtimét qu'elle faueur ils ont merité. Les autres
ne font pas cela : mais ſachäs ce qu'ils ont fait,
penſent qu'alors ils ont vn debteur. Les autres
ne font pas encor cela & ne cognoiſſent ce
qu'ils ont fait, ains reſemblent à la vigne, laquelle ayant produit vne grappe de raiſin &
ſon fruit, demande autre choſe. Si vn cheual a
couru, vn chien chaſſé, la mouſche a fait ſon
miel, il ſuffit ; mais ſi l'homme a bien fait, il ne
ſe retire, ains pouſſe à vn autre : tout ainſi que
la vigne pourchaſſe à de rechef produire vne
autre grappe en ſa ſaiſon. Les choſes que font
cela ſans conſéquence, ne doiuent elles eſtre
miſes en ce rang ? voire ; mais il doit ce acquerir. Car (dit il) il eſt propre & appartient à
l'animant par loy accompagnable de ſoy cognoiſtre, & que ce qu'il a fait eſt pour la ſocieté, & doit auſſi entendre que celuy qui eſt
de la meſme compagnie le veut auſſi totalement. Ce que tu diſeſt vray : entens maintenant
ce que

Exercice
quoy ſert.

ce que l'on te dira. Pour ceste cause tu seras au
nombre de ceux desquels cy deuant mention
a esté faite. Car ceux cy sont attrais par vne ve
risimilitude probable. Que si tu voulois entendre ce q̃ nous auons dit n'ayes crainte qu'il te
faille laisser aucun acte profitable à la compagnie. Le desir des Atheniens estoit tel. Fais pleu
uoir, ô trescher Iupiter, enuoye (di ie)ta pluye
sur les terres, & champs des Atheniens. Certainement il ne faut souhaiter aucune chose, sinon que ce soit sans feinte, & dol:ains liberalement & bien. Ce que nous disons que Esculapius a ordonné que l'vn iroit à cheual, à
l'autre qu'il seroit laué en eau froide, & que
l'autre iroit piedz nuds, n'est autre chose sinon que la nature de l'vniuers a baillé à l'vn
des hommes maladie, & fait l'autre defectueux
d'vn membre, ou le luy fait perdre. Car nous
disons que ce qu'a esté enioint doit estre entendu, que Esculapius a ordonné vne chose pour l'autre. Scauoir est, telle chose au respect & pour la santé. Ainsi cestuy a respect
& esgard à l'ordonnance necessaire. Car tout
ainsi que les ouuriers afferment que les pierres de taille conuiennent bien aux murs, &
piramides quand elles sont bien assemblees:
ainsi disons nous que ce nous aduient, s'accorde & nous conuiét. Car il y a vne certaine harmonie. Et tout ainsi q̃ le corps de l'vniuers est
bié & propremét assemblé de tous corps ainsi
aussi de toutes causes. Le destin fatal est fait de

Souhait
quel doit e-
stre.

d   la

la caufe fouueraine. Ce que ie di les hommes
grofsiers & ignorans l'entendent bien. Car
ils difent : Sa fortune luy a porté cela : cela luy
a efté imposé, ou deuoit aduenir. Prenons
donc ainfi ces chofes icy, ainfi que celles que
Efculapius a ordonné. Car en icelles il y en a
beaucoup qui font afpres, & rudes que nous
prenons fouz efpoir de fanté. Ce donques que
la commune nature, qu'eft perfection, a enioint, tu le dois eftimer femblable à fanté. Porte aufsi patiemment ce que fe fait iaçoit qu'il
femble dur, & mal aisé. Car cela conduit à ce
que par raifon eft fanté du môde, fcauoir eft à
felicité. Car rien ne te fuft aduenu, fi ce n'euft
efté au profit de l'vniuers. Car vne chacune
nature ne porte aucune chofe finon tant feu-
lemént ce qu'a regard à ce qui la gouuerne.
Parquoy il y a, deux raifons pourquoy tu dois
porter patiemment ce que t'aduient. L'vne
parce que ta fatale deftinee le porte ainfi, &
t'a ainfi efté deftiné par l'ancienne caufe fatale
ayant certain refpect à toy. L'autre fert pour
le profit perfection, & perfeuerance de ce qui
a la charge & eft par deffus l'vniuers. Car tout
ainfi que fi tu couppe l'vn des membres tout
le corps eft mutilé, & rompu : ainfi eft il fi tu
defioins la moindre partie des caufes de la
liaifon, & conionction, tout eft mutilé & def-
ioint. Or tu fais cela, tant qu'il t'eft poffible
toutes & quantesfoys que tu endures auec ennuy ce que t'aduient. Tu ne dois te fafcher, ne
                                    perdre

perdre courage, ne te destourner, si l'issue de
ton affaire n'est telle que tu souhaitois desirant
faire chascune chose selon les iustes comman-
demens:ains au contraire si tu as esté frustré de
ton effort, tu dois recommencer & endurer
patiemment; & ne te dois repentir de ce ou tu
retournes. Il ne te faut pas retourner à philosophie, comme à vn pedagogue mais il te faut
faire comme ceux qui ont mal aux yeux. Car
ils ont leur recours à l'esponge, ou à vn œuf,
les autres au cataplasme, ou atrousement de
quelque liqueur.Ainsi ne te sera besoin que tu
obeisses à droite raison,c'est à dire à la loy : car
toy mesme tereposeras sur elle.Souuienne toy
que philosophie requiert tant seulement ce que
ton naturel requiert.Mais tu voulois quelque
autre chose.Lequel des deux est plus attrayant,
& delectable? volupté n'a elle pas deccu en
ceste sorte ? Considere si grandeur de courage,
liberté,simplicité,fermeté en aduersité,& sain-
teté n'est pas plus aggreable. Car quia il plus
aggreable que prudence. Laquelle quand tu
peseras à part toy,à pouuoir, certaine science,
appuy & confiance de certaines suites:& laquelle ne cherra,ne faudra iamais,ains aura en
tout & par tout issue. Certainement la chose
est tant obscure,& difficile tellement que plusieurs philosophes de renom n'y ont rien en-
tédu.Bien que les Stoyciens ayét estimé l'auoir
entendue: mais certes ç'a esté auec grand diffi-
culté: Tout nostre consentement peut faillir,

Remedes contre mal des yeux.

Prudence.

d 2 &

* Io. Epiſt.
1.cap.1.
& eſtre changé. Car qui eſt celuy * qui diroit
qu'il ne pourroit errer ? Tranſporte donq toutes tes penſees aux choſes ſubiettes & terriennes & voy combien elles ſont brefues & de
peu d'eſtime voire telles qui peuuent eſtre en-
tendues par vn danſeur, par vne paillarde, ou
par vn piHard. Va t'en d'illec aux meurs de
ceux auec que tu vis, & conuerſe à peine pourras tu endurer de celuy qui eſt entre eux le plus
plaiſant & (qui plus eſt) à peine pourra quelqu'vn ſouffrir de ſoy meſme. Parquoy ie ne puis
voir que c'eſt qu'eſtre en honneur & reuerēce
des hommes en ſi grand brouillemens, obſcu-
* Iuſtinien
en ſes Nou-
uelles 5. vt
autem lex.
conſtit.7.
rité, vilennies, inſtabilité & muance, * des choſes, du temps, & des mouuemens. Au contraire
il vaut mieux s'affermir, fortifier, & attendre
la mort ſans ſe contriſter, & s'accorder à ces
deux points. L'vn, que rien n'aduient qui ne
ſoit ſelon la nature de l'vniuers. L'autre, qu'il
ne m'eſt loiſible faire choſe qui ſoit contre
Dieu, & mon ame. Car aucun ne m'y peut contraindre. En apres interrogue toy meſme à quoy
tu te ſers de ton cœur. Examine toy comme ſe
porte & eſt diſpoſee ta principale partie, &
voy quel cœur tu as, ſcauoir eſt, ſi tu as le cœur
d'vn enfant, d'vn adoleſcent, d'vne femmelete,
d'vn tyran, d'vne beſte de ſeruice, ou ſauuage.
Bien, quels
ſont.
Il apparoiſtra euidemment de cecy quels ſont
ceux qui communement ſont appellez bien.
Car ſi tu conçois en ton eſprit ceux qui ſont
vrayement biens, quels ſont prudence attrempance,

pance,iuftice,& force,certes(ceux cy au preal-
lable confiderez) tu n'orras nommer autres
biens qui ne fe rapportent à ceux cy & n'y foyent comprins. Ceux qui ont en leurs penfées
cōceu ce que le populaire eftime biens, incontinent qu'ils les ont entendus nommer, ils les
entendent tresfacilement, ainfi que fi vn co-
mique leur dit pertinemment quelque chofe.
C'eft prefques l'opinion du populas, de la dif-
férence. Car autrement l'on ne fuffe venu iufques là,que les vrays biens fe deftourneroyent,
& receuroyent tellement la memoire des richeffes, de volupté & vaine gloire comme vne
fentence fort bien dite & de bonne grace.
Paffe outre & t'interrogue s'il faut auoir en
honneur &eftimer biens ceux cy que fi tu ima-
gines en tō cerucau, quelqu'vn pourra con-
uenablement dire que celuy qui eft emparé de
ce,auoit abondamment ce qu'il n'a pas. Ie fuis
fait & compofé de forme & matiere. Parquoy
toute portion de toy fera par changement re-
duite en aucune partie de l'vniuers,& cefte cy
en vn autre. * l'ay par cefte forte de change- *d.ſ.vt ar-
ment efté, mes pere,mere & ayeul & anceftres: then.lex.
combien que le monde foit gouuerné, par certains tours, & circuits. Raifon & fon art font
facultez affes fuffifátes pour foy,& fes œuures:
Elles iffent de leur commencement,& tendent
à leur fin. Leurs faits ont leur nom du chemin
qu'elles tiennent que les Grecs appellent κα-
τορθώσις nous les pouuons appeller droits ef-.
fects

fects ou factures. Mais aucunes choses d'icelles
ne peuuent estre dites de l'homme. Car cela ne
luy est conuenable:parce qu'il est bôme. L'homme ne sa nature ne sont profession d'iceluy.
Celle perfection n'est en la nature humaine.
Parquoy la fin de l'homme ne sera constituee
en choses exterieures ne iceluy bien, qui accomplist celle fin. Autrement ce ne seroit le
deuoir de l'homme de les mespriser: & ne merite louange celuy, qui s'appareille à n'auoir
faute d'iceux. Celuy aussi qui s'abstient de tels
biens ne merite d'estre appellé bon, moyenant
que ce soyent biens. Maintenant d'autant plus
l'homme est meilleur, d'autant plus qu'il s'abstient de ces choses. Tel sera ton entendement
quelles seront les choses esquelles tu penses,
car l'esprit est enseigné par les choses veuës,
où par cogitations. Endoctrine le donq par
continuelles pensees. Là ou il est loysible de viure, il y faut bien viure. S'il est permis de viure
en la cour des princes, il y faut donq bien viure. Dauantage, chasque chose a esté faite pour
quelque autre. Or ce qu'est fait pour & en faueur, quelque chose se rapporte à icelle:& ce à
quoy elle se rapporte est la fin d'icelle : & là ou

*Entens de
la vie hu-
maine. est la fin, le bien y est aussi. La fin *donq pro-
posee à l'homme est societé:car à ce nous sommes n'aiz, comme cy dessus a esté monstré. N'est
il pas euident que les choses de pire condition
sont à cause de celles, qui sont plus excellentes
& que l'vne est pour l'autre? Or est il que les
choses qui ont ame sont plus excellentes que

celles qui n'en ont point. C'eſt folie de pour-
chaſſer choſes impoſſibles, mais il ne ſe peut fai
re que les meſchãs ne facent ſelon leur folie. Il
uient aucune choſe à chacun que nature ne luy
ait deſtiné. Car ce que l'vn endure à tort, ad-
n'aduient à vn autre, qui defend conſtance &
fermeté, ſoit pour l'ignorance du meſchef, ſoit
pour ſe monſtrer homme de grand courage, &
par ainſi demeure ſans eſtre endommagé. C'eſt
donq choſe inique le receuoir à fin que ignorance, & opinion vainquiſt prudence. Car les
choſes ne peuuent toucher l'eſprit, & n'entrent
à luy, & ne le peuuent mouuoir, ne tourner. Il   Bien faire
s'eſmeut ſoymeſme: & telles ſont faites les cho-   aux hômes
ſes qui ſont aduenues: qu'elle eſt l'opinion qu'il eſt choſe
                                                    naturelle.
en a eu. Nous auons par autre raiſon vne al-
liance ſouueraine auec l'homme par laquelle
nous eſt commandé de luy bien faire, & le ſup-
porter, & endurer de luy. Mais quand ils s'ef-
forcent d'empeſcher noz actes, ils ne nous af-
fierent ne attouchent non plus que le ſoleil, le
vent, ou les beſtes brutes. Ils peuuent bien empeſcher les effects mais non les deſirs, ne les affections. Car ces choſes cy ont exception, &
conuerſion. Car ce qu'a empeſché l'effect ce
meſme a eſté tourné par l'eſprit à ce que pre-
cede, & par ce moyen ce que reſiſte à l'œuure
entreprins & à la vie, luy octroye quelque
choſe. Porte reuerence à ce qu'eſt le plus excellent en ce monde. C'eſt cela qui a l'vſage de
toutes choſes, & qui les gouuerne. Porte ſem-

d 4   bla

blablement honneur à ce qui eſt premier en
toy,& principal & eſt prochain à l'autre parce
qu'il vſe des autres choſes qui giſent en toy, &
regiſt ta vie. Ce que n'endommage la cité ne
nuit aux citoyens. Il faut que tu reduiſes en
memoire ceſte regle toutesfoys & quantes que
tu penſes auoir eſté offenſé en quelque choſe.
Que ſi la ville a receu quelque perte, ou dommage elle ne ſe doit courroucer contre celuy qui l'a endommagee. Qu'eſt ce qu'a eſté en
meſpris ? Conſidere ſouuent combien viſtement tout ce qu'eſt, & ſe fait, eſt raui, & eſua-
nouï. Car meſmes les natures ſont en vn cours
perpetuel ainſi qu'vn fleuue, & les effects ſont
ſubiects à changemens,& les tours des choſes
ſont infinis. Finalement rien preſque ne demeure ferme : il n'eſt choſe qui ſoit touſiours
vne meſme. L'aage paſsé, & l'aduenir eſt bien
grãd, auquel toutes choſes ſont abolies. Celuy
donq qui s'enorgueilliſt en ſi treſpetit point de
temps, ou qui couuoite, ou qui ſe complaint,
ne doit il eſtre condamné de folie? Souuienne toy de l'vniuerſelle nature des choſes de laquelle tu és la moindre partie. Tu as la moindre part de tout l'aage qui t'eſt bref, & tranſi-
toire. Vn autre peché me voyant contraire. Il
a ſon affection,& ſon fait. I'ay pour le preſent
ce que nature veut que i'aye:ie fay auſsi ce que
nature me commande. Que la partie principale,partie de toy(qui eſt l'ame)ne ſoit tournee
par aucun aſpre, ou doux mouuement de la
chair

Affections
ſoyent bor-
nees.

chair & ne reçoiue persuasions naissans des
membres:ains les borne,& limite. Que si icelles persuasions sont esleuees à intelligence à
cause d'vn autre consentement, scauoir est,
d'autant que l'ame est coniointe auec le
corps alors ne faut resister au sens qui despart de nature, mais la pensee ne doit s'accorder à l'opinion du bien, ou du mal. Il
faut viure auec Dieu. Celuy vit auec Dieu
qui sans cesse monstre son esprit approuuant,
ce qu'est baillé par l'ordonnance necessaire
& qui fait chose qui plait à son ame,laquelle
le grand Dieu a baillé à chacun estant vne partie presidente à nature, & laquelle nous guide,
scauoir est la pensee, & la raison. Ne te courrouce contre celuy qui sent le bouquin,ou qui
a l'halaine puante. Car aucun mal ne t'en aduiendra. Ses aisselles, & oz sont tellement disposez qu'il faut que ces maux s'en ensuyuent.
Tu dis que l'homme est raisonnable, & que s'il
veut esplucher il pourra entendre en quoy il
peut faillir. Le cas va,& se porte bien. Partant
toy qui és raisonnable excite enseigne & admoneste sa pensee par le mouuemét de la tienne car s'il obeït,tu le gueriras:& ne sera besoin
d'ire. Il ne faudra pas icy ainsi viure comme
vn Tragidien, ou côme vne putain publique,
laquelle pense viure en sortant. Que s'il ne
t'est permis alors mourir comme celuy qui ne
souffre mal aucun ou qui s'esuanouist comme
fumee. Que penses tu que ce soit ? Or pendát
d 5   que

que telle chose ne me retire, ie demeure franc,
& aucun ne m'empefche faire ce que ie vueil.
Or ie vueil ce qui eſt ſeant à l'hôme raiſonnable,& qui eſt n'ay à choſe certaine. La penſee,
oul'eſprit qui gouuerne le monde a eu eſgard
à ſocieté. Partât a creé les choſes inferieures

* Geneſ.2.
pour les choſes plus excellétes, & a ſoubmiz
vne choſe excellente à l'autre. Il contemple
comme il l'a ſoubmiſe, côioint, & baillé à vn
chaſcun ſelon ſon eſtar,& a fait alliance entre
les choſes treſexcellentes & ce d'vn mutuel
conſentement. Quel deuoir as tu fait enuers
Dieu,tes pere, & mere,tes ayeulx, tes freres, ta
femme, tes enfans, tes ouuriers, ceux qui t'ont
enſeigné, enuers ton nourriſſon, tes amis, tes
familiers, & ſeruiteurs? N'as tu iuſques à ce
iourd'huy fait tort en faits,ou dits, à aucun de
ceux là? Souuienne toy de ceux que tu as vein-
cu,& de ceux de qui tu as ſouffert, & que la fable de ta vie eſt accomplie, & que tu és deliuré
de ta charge. Combien as tu veu de choſes belles? Côbien as tu eu en meſpris les douleurs &
voluptez? à côbien d'hommes mauuais t'es tu
monſtré bon,& equitable? Parquoy ils entre-
meſlent l'eſprit qui a ſcience & art auec celuy
qui eſt vuide d'art & de diſcipline.Mais qu'ap-

L'eſprit eyâtſciéce.
pelles tu l'eſprit, qui a ſcience, & art? c'eſt celuy qui cognoit le commencement & la fin,
c'eſt la penſee qui penetre & entre dans la nature vniuerſelle des choſes, & qui gouuerne
par tous les cours des ſiecles prefix,& arreſtez.
Tu

Tu seras bien tost cédre, & oz nuds & ne reste-
ra rié de ton corps que le nom:encore ne demeurera il. Or le nom n'est autre chose qu'vn Nom que cest.
son. Les choses qui sont prisees en la vie sont
vaines,pourries,& petites : & sont comme petits chiens mourdans,ou comme petits enfans
qui sont sans repos qui maintenát rient,main-
tenant pleurent. Mais quoy ? foy,honte,iusti-
ce & verité.

Ayant cy bas laißé chasque climat terrestre
Es cieux hauts ont monté pour illec tousiours estre.

Que reste il donq que te detient icy ? sont
ce les choses sensibles fort cáduques, subiettes
à tant de changemens ? ou si ce sont les sens
obscurs & que si facilement sont deceuz ? est
ce la vaine gloire entre les hommes? Qu'attens tu donq autre chose sinon vn esteigne-
ment,& transport,& ce volontairement. Que office d'vn hôme bon.
te suffira il donq cependant que l'occasion te
presentera telles choses ? Quelle autre chose?
Honnorer, & louër Dieu, bien faire aux hommes, & endurer deux,& s'abstenir de ce qu'est
hors les bornes de nostre chair, & ame, se souuenant que cela n'est en nostre possession , &
pouuoir. Tu auras tousiours bonne,& heureu-
se issue, si tu prens la droite voye & gardes les Cicero au liure 1. des loix.
deux choses qui sont communes à la pensee di-
uine,& aux hommes. L'vne que tu ne pourras
estre empesché par autre. L'autre que le bien
gist en droite volonté, & fait qu'il faut dresser
noz appetits,& souhaits à ce but & fin. Si cela
n'est

n'eſt fait par ma malice, n'y n'eſt fait prouenãt
de moy, & n'apporte dommage à la communauté que me ſoucie ie de cela ? quel dommage en a receu la ſocieté commune ? Nous ne
deuons nous laiſſer ſaiſir de cogitations, mais
aider autant qu'il eſt poſsible, & conuenable,
voire combien qu'il y auroit defaut au milieu, &
ne faut eſtimer cela dommage. Car telle cou-
ſtume eſt mauuaiſe. Felicité giſt en ce que tu
t'aquiers bonne condition, c'eſt à dire, bonnes
affeƈtions, & bons faits.

LIVRE   VI.

A nature de l'vniuers eſt obeïſ-
ſante à ſon gouuerneur: *& elle
eſt bien, & deuëment compoſee.
Or la penſee qui la gouuerne n'a
en ſoy aucune cauſe de mal fai-
re : par ce qu'elle n'a aucun vice, & ne peche
point *& n'eſt choſe qui ſoit offencee par elle
toutes choſes ſont faites & accomplies ſelon
*icelle. Ne mets difference ſoit que tu ayes
froid, ou chaud, ou que tu vueilles dormir, ou
que tu ayes dormi à ſouhait, ou que tu ayes bõ
ou mauuais bruit, ou que tu meures, ou que tu
faces ce que t'eſt bien ſeãt: car la mort eſt l'vne
des aƈtions qui ſont rapportees à la vie. Il ſuffit donq qu'icelle approchant tu mettes en ſa
place ce qu'eſt pres. Regarde au dedans. La
propre qualité d'aucunes choſes ne te deceura,
&

*S. paui
aux Rom.
chap.13.

* 1.Pet.1

*ſ. Iean en
ſon Euang.
chap.1.

& moins ce que luy eſt deu, & luy appartient.
Toutes choſes ſubiectes ſont viſtement changees, & reduites en vapeur ſi leur ſubſtance eſt
bien entaſſee, & aſſemblee, ou ſont ſeparees.
La penſee qui gouuerne l'vniuers ſcait comme
elle ſe porte, & ce qu'elle fait, & quelle matiere elle a ſubiette. La raiſon de te venger * eſt ⸱ * Dieu dit,
tresbonne à fin que tu ne ſoys fait ſemblable A mey la
à celuy qui a fait tort. Eſiouys toy en ce ſeule- vengeace.
ment, & t'accorde à ce ſeul point: c'eſt que tu
ayes Dieu en ta memoire ayant entreprins vn
fait pour la defenſe de la ſocieté humaine, pour
faire vn autre acte. Le prince de l'homme eſt
celle partie que s'excite, & s'eſmeut elle meſmes, & qui ſe fait telle qu'elle veut, & fait que
les choſes qu'aduiennent luy ſemblent telles
qu'elle veut. Toutes choſes ſont faites ſelon la
nature de l'vniuers. Car elles ne peuuent eſtre
faites ſelon autre, ſoit enuironnât par dehors,
ſoit encloſe, ou en ſuſpens. L'vniuers ou c'eſt
vne certaine côfuſion, & liaiſon des choſes qui
de rechef ſeront ſeparees: ou il eſt côpoſé d'v-
nion, d'ordre, & prudence. Si ce premier eſt
vray qu'y a il pourquoy ie deſire de m'arreſter
à ce vain amas d'ordure, & meſlâge? Que faut
il deſirer autre choſe ſinon que ie ſoye reduit
en terre? Pourquoy me trouble ie? face ce
que ie voudray, ſeparation me ſaiſira. Mais ſi la
choſe va autremêt i'hônnore Dieu & ſuis conſtant en mon eſprit, & ay fiance en celuy qui
gouuerne le monde. Quand l'eſtat des choſes
preſen

preſentes te troublent aucunement, reuiens
viſtement à toy, & ne te d'eſpars plus outre
qu'il n'eſt neceſſaire de la chanſon que tu as
encommencee. Car tu defendras plus facilement l'harmonie, ſi tu retournes à icelle tout
d'vne ſuite. Si tu auois enſemblement vne ma-
raſtre, & ta mere, certes tu pourteroys honneur à icelle: Mais ſi eſt ce que tu aurois ſouuent recours à ta mere. Tu as pareil eſgard à
la cour qu'à philoſophie. Parquoy retourne
ſouuent vers ceſte cy, & t'accorde à ſes effets
à fin que plus patiément tu portes les affaires&
auſsi qu'on endure de toy. Que faut il péſer des
viädes & de telles autres choſes? c'eſt le corps
d'vn poiſſon, d'vn oyſeau, ou d'vn pourceau
mort. Dauätage le vin delicieux creu au mont
Falerne eſt vn petit ſuc d'vne petite vigne. Le
veſtement de pourpre eſt le poil d'vne petite berbiette teint dans le ſang d'vne tortue.
Qu'eſt ce qu'auoir compagnie charnelle d'vne
femme? Ces cogitations ſont excellentes: car
elles touchét la choſe meſme, & l'outrepaſſent
tellemét qu'on peut voir quelle elle eſt. Il faut
vſer de ces choſes durant la vie: & s'il ſemble
que la choſe ſoit digne d'eſtre approuuee, il la
faut deſpouiller & deſnuer de ſes couuertures,
à fin que ſon peu d'eſtimé ſoit mis en euidence:
& que ce dequoy elle ſe vantoit luy ſoit oſté.
Car le fard eſt vn tresfin trôpeur, & qui trompe lors qu'on penſe faire quelque choſe graue,
& de conſequence. Prens garde à ce que dit

Crates

Crates de Zenocrates. Il ramenoit (dit il) plufieurs fortes de chofes largement au defcouuert defquelles le populaz s'efmerueilloit fi elles eftoyent contenues fouz nature, foit pierres, bois, figuiers, oliuiers, vignes. Il reduifoit,
& eftreignoit les animaux à plus peu comme
font les troupeaux de gros & petit beftail. Si
quelques autres chofes auoyent plus de faueur,
il les reduifoit à celles qui font comprinfes
fouz l'ame raifonnable, non pas vniuerfe mais
d'autant qu'elle traite les arts & autres facultés, & les eftimoit à part, comme, Qu'eft ce que
poffeder vn efclaue. Quant eft de celuy qui
honnore l'efprit raifonnable auec fes facultés,
& defir de ciule affemblee il n'a foin d'autres
chofes, mais toutes chofes mifes en arriere, il
conferue fon efprit tellement difpofé, & tellement fe mouuant ainfi qu'il eft conuenable &
feant à raifon & ciule focieté, qu'il donne fe-
cours aux chofes qui font de mefme genre à fin
qu'elles facent le mefme. Certaines chofes
font maintenant faites: d'autres feront tout
incontinét & partie de ce que ce fait eft maintenant efuanouye. Les cours, & changemens
renouuellent le monde de fuite, tout ainfi que
le long aage du temps par vn continuel coulement eft incontinent apres fait nouueau. Qui
eft celuy donq qui honnoreroit en ce cours, &
coulement les chofes qui font outre portees, &
efquelles l'on ne fe peut arrefter. Certainement
ceftuy eft femblable à celuy qui aime l'vn de
pluficu

plusieurs passereaux entreuolans qu'on perd
incontinēt de veuë. Ainsi va, & se porte la
vie d'vn chacun homme comme l'haleine ostee
du sang & comme l'air souffle. Car tel est tout
le pouuoir de respirer que nous auons receu
en nostre naissance, quel est le vent de nostre
bouche que nous attrayōs & soufflons dehors
de foys à autre. Et lequel pouuoir de respirer
est par nous rendu au lieu duquel nous l'auons
prins. Cōbien que nous preniōs vigueur cōme
les racines des arbres & herbes, que nous respi
rons à la maniere des bestes brutes & sauuages,
que nous voyōs, que nous soyons esmeuz pour
l'appetit, que nous nous assemblions, que nous
soyons nourris, si est ce que tout cela ne doit
non plus estre prisé que d'autant que nous
mettons hors du corps les superfluités des vian
des. Qu'est ce donqqu'est digne d'honneur? est
ce point l'applaudissemēt? non certes. Ce n'est
donq aussi la louange du peuple qui n'est autre
chose qu'vn applaudissemēt. Ce peu de gloire
donq osté, que reste il que nous deuions auoir
en honneur? certes i'estime que cecy: c'est que
cōme nous sommes instruits & faits de nature

Art à quoy tend. nous soyons ainsi meuz. Et là nous conduit la
diligence des ouuriers & les arts. Car tout art
prend visee à ce point, c'est que tout ce qu'est
appresté, est idoine à l'œuure pour lequel il est
appresté. Ce mesme requiert le vigneron, ce
mesme cherche qui domte les cheuaux, & celuy qui nourrit les chiens. L'institution donq
du

C'eſt la fin, & but que tu dois deſirer. Si tu as
obtenu ceſtuy cy il ne te faut acquerir autre
choſe. Si tu perſeueres à deſirer auſsi les autres
choſes, tu ne ſuffiras à toy meſmes, & ne ſeras
vuide de paſsions. Car tu ſeras neceſſairement
enuieux & marry du bien d'vn autre. Tu ſou-
ſpeçonneras choſes malheureuſes de ceux qui
te peuuent oſter ces choſes. Tu guettes ceux
qui poſſedent de toy ce qu'eſt de grand prix.
Car il eſt neceſſaire que celuy ait l'eſprit troublé, qui ſouhaite telles choſes, voire ſe pleint
de Dieu. Au contraire celuy qui reuere & honte ſa penſee, il s'approuue luy meſmes, & s'ac-
cordera tresbien auec l'aſſemblee des hommes,
& côſentira à Dieu, c'eſt à dire, il louëra tout ce
qu'il a deſparti, & ordonné. Les mouuemens
des elemés ſont deſſus toy, au deſſous & à l'entour de toy. Au contraire le mouuement de
vertu n'eſt en aucun de ceux la; ains procede
par vne voye plus diuine & difficile à entendre. Prens garde à ce que font les hommes. Ils
veulent viure auec ceux qui ſont, & viuent de
leurs temps: mais ils eſtiment vne grand choſe
qu'eux meſmes ſoyent louez par leur poſterité, ſçauoir eſt, ceux qu'ils ne virent onques &
ne les verront: ce que n'eſt gueres autre choſe
ſinon qu'eſtre marri qu'on n'a eſté loué par
ceux qui les ont precedez. Si tu ne peux comprendre quelque choſe n'eſtime pas pourtant
qu'vn autre ne le puiſſe entédre. Eſtime t'eſtre
octroyé ce que l'homme peut & luy eſt conuenable

(marginal note:) Honnorer ſa penſee q̃ c'eſt.

e

nable. Si quelqu'vn a descharógné auec les ongles son aduersaire au ieu de la luitte, ou le frape sur la teste, nous n'en sommes pas marris, ne
offensez, & ne disons point qu'il la fait de guet
à pend. Vray est, que nous nous donnons garde
de luy, non pas comme d'vn ennemi, & ne sou-
speçonnons de luy malencontre, ains luittons
tant seulement & ce paisiblement. Ce mesme
doit estre fait aux autres parties de la vie, à fin
que nous sentions des autres ce que nous sen-
tons auec lesquels nous luittons. Car nous
pouuons bien (comme i'ay dit) les euiter sans
soufpeçon ne haine. Si quelqu'vn me veut re-
prédre, & me monstrer que ie ne sens pas bien,
ou que ie n'ay pas bonne opinion, ou que ie
ne fais pas bien, ie changeray ioyeusement
mon aduis. Car ie cherche verité: laquelle ne

Verité ne
porte dom-
mage.

porta iamais aucun dommage. Mais celuy qui
perseuere en son erreur, & ignoráce fait dommage. Ie fay mon deuoir: quant aux autres

Aristote
au liure de
l'ame.
* Gen. ca. 2.

choses elles ne me retirent. Car telles choses
n'ont point d'ame * ne de raison ou elles errét
ignorant la voye. Il faut que tu preignes, &
t'attribues les animaux irraisonnables, & autres choses subiectes: ce qu'est permis à l'hôme
raisónable. Tu te seruiras des hómes eu esgard
à la societé humaine. Prie Dieu en tous tes affaires, & ne sois curieux combié il y a de temps

*il faut
prier sans
cesse dit S.
Paul.

prefix pour * cela. Car trois heures te suffirót.
Alexandre Macedonié, & son palefrenier sont

morts

morts,& reduits à vne mesme chose. Considere
re combien de choses sont faites en vn seul
moment de temps, tant en l'esprit, qu'au corps
d'vn chacū de nous. D'ou s'ensuyura que tu ne
t'esmerueilleras que beaucoup de choses voire
toutes, qui sont en ce monde, seront ensemble.
Si quelqu'vn te demande comme il faut escrire ce nom, ANTONIN, ne prononceras tu
pas toutes les lettres l'vne apres l'autre? Quoy?
s'il y en a qui se courroucent, ne te courrou-
ceras tu pas aussi à ton tour? nombreras tu pas
plustost paisiblement toutes choses? Partant
souuienne toy icy que ton deuoir est accompli, si tu gardes les nombres non troublez. Et si
tu ne te courrouces aux courroucez, tu ac-
compliras droitement ce que tu as entreprins.
C'est chose inhumaine d'empescher l'homme
de faire son proffit, & ce que luy conuient. Or
tu prohibes aucunement de ce faire quand tu
es marri qu'ils commettent forfait. Les hommes taschent à faire ce, que leur est vtile & les
touche de pres. Mais il en est tout autrement.
Parquoy enseigne leur cela sans courroux. La La mort q̃
mort met fin aux sens, & à ce que les mouue- fait.
mens & pensees doiuét faire, & deliure l'esprit
du ministere du corps. C'est chose laide que
l'esprit languisse en ceste vie en laquelle le
corps ne peut porter le labeur. Prens garde à
ce qu'abaissant ton estat tu ne soyes aboli. Car
cela peut estre fait. Parquoy entretiens toy
ans estre trompeur, ains tasche à estre bon,

entier, graue, ouuert, defireux de iuftice, & de
faire le deuoir enuers Dieu, à eftre benin, humain, conftant pour la defenfe de ton deuoir.
Efforce toy à eftre, & perfeuerer tel que philo-
* Exod.20. fophie t'a volu façonner. Honnore * Dieu, &
Deut.6. apporte proffit aux hommes. Le temps qu'il
faut viure en terre eft bref, & tout fon fruit
gift en fainte inftitution de l'efprit, & en faits
proffitables à la communauté des hommes.
Fais toutes chofes ainfi qu'il eft conuenable au
difciple d'Antonin. Souuiéne toy qu'elle eft fa
fermeté en faifant felon raifon, s'il eft égal par
tout, quelle eft fa fainteté, fa courtoifie, combien il mefprife gloire : quel eft fon defir en
l'apprehenfion des chofes, veu qu'il ne laiffoit
rien finon qu'il euft premierement veu & cogneu, comme il a enduré de ceux qui l'ont in-
iuftement reprins, & ne leur a pour cela fait
tort ne iniure, comme il n'a rien entreprins
haftiuement, ou par trop affectueufemét, comme il n'a receu les calomniateurs, comme il a
diligemment examiné les faits & meurs, comme il n'a iamais efté mefdifant, craintif, foufpeçonneux, ne fophifte, comme il a efté content
de peu, fcauoir eft, d'vne maifon, d'vn lict, d'vn
veftement, d'vne viande, d'vn feruice, comme
il a fouffert labeurs, comme il a efté doux d'e-
fprit, comme il a vefcu efcharfement. Confiderez qu'elle a efté fa fermeté en amitié, comme il a efté toufiours vn mefme, tant en aduer-
fité, qu'en profperité, comme il a enduré de
ceux

ceux qui ont impugné & reietté son opinion,
& comme il a esté ioyeux, si quelqu'vn mon-
stroit mieux quelque chose que luy. Souuienne toy comme il a porté reuerence à Dieu sans
superstition: à fin qu'en ta derniere heure il
t'aduienne cóme à luy: à toy (di ie) qui sens que
tu n'as fait mal. Reueille toy, & reuiens à toy
mesmes à fin que tu ne soyes troublé par son-
ges. Ie suis composé d'vn petit corps, & d'vne
ame. Or en ce petit corps il n'y a differéce entre les choses. Car aussi n'y peut elle estre mise.
Il y a pourtant differéce entre les choses, & la
raison qui ne sót de ses faits qu'elle a en sa puis
sance. Ce qu'il faut entendre des choses presentes. Car les actes passez & futurs n'ont aucune
differéce. La main & le pied n'ont outre nature
aucun labeur faisant leur deuoir: ainsi l'homme qui fait ce qu'il doit n'a aucun labeur outre nature, tant s'en faut qu'il ait mal. Combien de foys nous est il aduenu de iouïr des
voluptés, d'auoir des brigands, des danceurs,
des meurtriers, des tyrans? Ne voy tu pas que
ceux qui exercent mestiers vilains, & sales s'ac-
commodent aux hommes iusques à certaine
fin, & toutesfoys ils retiennent la raison de
leur art, & ne s'en veulent despartir. Ne seroit
ce pas chose laide si vn architecte, ou vn medecin porte plus de reuerence à la raison de son
art que l'homme à la sienne, qu'il a commune
*auec Dieu. L'Asie, & l'Europe sont anglets du
monde. Toute la mer est la goute du monde: *Cic. libr. des loix.

c 3   mais

mais l'homme est vne petite piece du monde.
Tout temps present est vn point. Toutes choses sont petites mobiles, subiettes à mort, & destruction. Toutes choses issent du prince de
l'vniuers, & en consequence. Car tout ainsi
que la gueule du Lyon, les venins mortels &
tous malefices sont surcroits des choses belles
& bonnes, ainsi est il de l'espine, & du bour-
bier. Ne les estime pas donq contraires, ains
considere la fontaine, & source des choses.
Celuy qui void les choses presentes * il void *c'est Dieu.
les choses qui ont esté eternellement, & qui seront sans fin. Car toutes choses sont confor-
mes. Pense souuent à l'vniuerselle liaison, &
mutuelle affection des choses. Car tout ainsi
que toutes choses sont entrelacees l'vne auec
l'autre, & que par mesme raison elles sont mu-
tuellement amies. Car l'vne depend de l'autre
à cause du mouuement constant, & de l'vnion.
Accommode toy aux affaires esquels tu as esté
destiné par ta cödition. Aime d'vn vray amour
ceux esquels l'ordonnance necessaire t'a conioint. Les instrumens establis à faire quelque
chose, & les vaisseaux se portent bien quand
ils font ce à quoy ils ont esté aornez, & apprestez. Et certes celuy qui les a apprestez n'est de
guere eslogné, ou different d'eux. Mais en ceux
qui sont contenuz en nature, la force, qui les
appreste, demeure, & gist au dedans:& partant
la faut il plus honnorer. Et faut que tu penses
que si tu perseueres de faire selon sa volonté
que

que tout t'aduiendra comme tu penseras, &
voudras. Entens ce mesme de tous hommes.
Si tu te mets deuant les yeux ce qu'est hors de
toy, & n'est en ta volonté pour bien, ou pour
mal soit, à fin que mal t'aduienne, ou que tu ne
puisse obtenir quelque bien, tu te plaindras de
Dieu, & auras en haine les hommes, qui en seront cause ou à tout le moins tu auras souspeçon sur eux que tu as du mal, ou que tu n'as acquis ce bien là. Au moyen dequoy nous fail-
lons grandement à cause de telle differéce que
nous faisons. Or si nous traittons, & manions
les affaires qui gisent en nous, ou qui sont en
nostre pouuoir, nous n'auros cause, ne moyen
de nous plaindre de Dieu, ne prendre inimitié
côtre les hommes. Nous faisons tous vne chose tendant à vne mesme fin: dont les vns le scauent voire par ordre certain : les autres n'en
scauent non plus que ceux qui dorment. Heracletus (si me semble) dit que ceux qui ai-
dent à ce qu'est fait au monde, sont ouuriers: **Ouuriers**
mais les vns aident en vne sorte les autres en **quels sont.**
vne autre. Vaine est l'aide de celuy qui s'effor-
ce reprendre, & resister aux choses qui se font, **Aide vaine.**
& tasche à les retrencher. Car le monde se sert
de telle façon de faire. Parquoy prens bien
garde, & voy entre lesquels tu te renges. Car
le gouverneur de c'est vniuers se seruira de toy
bien & devëment te receuât entre les ouuriers.
Ne soys du nombre de ceux desquels est chaté
le vers vile, & digne de moquerie qui est en la

fable & duquel fait métion.Chryfippus.Le foleil defire il de faire ce que fait la pluye, ou ce
que fait la terre apportàt toute forte de fruits.
Les actions des eftoilles ne font elles pas differentes, neantmoins elles font rapportees à vn
œuure cômun. Si Dieu a prouueu à moy,& à
ce qui me doit aduenir,il y à bien & deuëment
prouueu.Car il n'eft facile penfer que Dieu ait
fait quelque chofe fans confeil. Car que pourroit on alleguer que Dieu m'euft voulu procu-
rer quelque mal ? Quel fruit en reuëdroit il à
Dieu,& à l'vniuers duquel il a le foin ? Si Dieu
n'a prouueu à moy n'ayàt eftat public, il a toutesfoys efgard à l'vniuers. Parquoy ie ne dois
me repétir, & n'eftre marri de ce que m'aduiét.
Car ce feroit mefchámenr fait de croire,& pé-
fer ĝ Dieu n'a foucy de nòus,ou qu'il ne nous
veut prouuoir,ou qu'il ne le faut prier,ou qu'il
ne luy faut faire facrifice, ou qu'il ne le faut
appeller en tefmoin. Lefquelles chofes & chacune d'icelles nous faifons auec le Dieu viuát
& en fa prefence. Or m'eft il loyfible de deliberer & prédre aduis de mon proffit.Ce qu'affiert à ma nature m'eft proffitable,ma nature
eft proffitable & s'accommode à la focieté ciuile. Entant que ie fuis Antonin,ma cité & patrie eft Rome : mais entant que ie fuis homme,
c'eft le monde. Ce donq tant feulement m'eft
proffitable qui proffite aux villes & cités. Ce
qu'aduient à chacun proffite à l'vniuers. Ce-
Proffitable
que c'eft. ftoit affez de fcauoir cela. Mais interpretons
ce mot PROFFITABLE, plus amplement,

tellement qu'il foit prins pour les chofes moyennes. Ce que tu vois en vn theatre, & ieux publics, veu que les void toufiours de mefme, cela (die) apporte ennuy & fafcherie. Il faut auffi auoir telle opinion de toute la vie. Toutes chofes hautes & baffes font vn mefme, & ont efté, ou font iffues de mefmes caufes. Iufques à quand donq? Confidere continuellement que toutes fortes d'hommes, & de toute forte de profeffion font morts. Il faut penfer qu'ainfi m'en aduiendra, ce que mefmes eft aduenu à tant de bien parlans orateurs, & à tant de philofophes, comme à Heracletus, & Pytagoras, & Socrates, à tant d'hommes heroïques, & vertueux, & tát de ducs, & Capitaines en apres à Eudoxus, & Hipparchus, & Archimedes, & à ceux de gentil efprit aygu, courageux, cauteleux, fins, & opiniaftres, à ceux qui fe font moquez, de la vie caduque des hômes, comme Menippus & fes femblables. Il faut penfer que tous ceux cy font morts. Quel mal en ont il pour cela? Que dirôs nous de ceux defquels le nom eft refté? C'eft vne fouueraine eftime, c'eft (die) chofe trefprecieufe aux menteurs & iniurieux de viure paifiblément, en gardant verité & iuftice. Si tu veux te réfiouïr pêfe aux vertus de ceux qui viuent auec toy, la vaillace de ceftuy cy, la modeftie de ceftuy ià la liberalité de l'autre. Car il n'eft chofe qui refiouïffe plus que les vertus q̃ nous auons femblables à ceux auec qui nous viuons, lefquelles font expri-

f 5 mee

mees par meurs. Ils se font offres les vns aux au
tres. Tout ainsi q̃ tu ne dois estre marri, si tu ne
poise tãt de liures, & nõ trois cens ainsi ne dois
tu estre courroucé si tu ne vis cẽt ans. Car tout
ainsi q̃ tu approuues si grand corps t'auoir esté
octroyé, telle opinion dois tu auoir du temps.
Il faut s'esforcer de persuader à ceux auec qui
nous viuons, voire maugré eux de faire ce que

Patience
l'empesché.

à raison de iustice commãde. Si quelqu'vn t'empesche par force, soys patient, & fais ton profit de tel empeschement pour l'œuure de vertu
te souuenant qu'il faut dresser tes faits auec
certaine exception, c'est de ne desirer ce que
ne peut estre fait. Parquoy telle a esté la vehemence du cœur à laquelle l'on satisfait sil'on
acquiert ce pourquoy il a esté esmeu. Le cou-
uoiteux de gloire estime les faits d'autruy pour
son bien. Celuy qui prend ses plaisirs mon-
dains estime son affection de laquelle il est
conduit, mais celuy qui a pensee, à ses actions.

Attention
requise.

Il n'est loysible estimer rien de ces choses. Car
elles sont telles, qu'elles ne peuuent faire nostre iugement. Accoustume toy à ce que quand
quelqu'vn t'enseignera, que tu ne tourne tes co
gitations autre part, ains soys attentif de ton
cœur. Ce que ne proffite à la rusche ne profite
aux mousches à miel. Si le marinier ne gouuerne bien, ou que le malade ne soit bien pensé, l'on dit il m'en faut chercher vn autre auquel ie puisse bailler ceste charge, & m'y fier.
Combien en y a il qui sont venus au monde
qui

qui en ont fait despart? Le miel est amer à ceux
qui ont la iauniffe. Ceux qui ont esté mordus
d'vne beste enragee ont peur de l'eau. Pourquoy me courrouce ie donq? Ou la vigueur de
de fausseté re femble moindre que la cholere,
ou le venin d'vne beste enragee. Aucun ne
t'empeschera que tu ne viues selon la raison de
ta nature, & ne t'en aduiendra aucune chose
qui soit contre la raison de l'vniuers. Quels
font ceux esquels nous voulons plaire: est ce
pour leurs actes. Combien l'aage cache tout
foudainement: ains à maintenant caché.

LIVRE. VII.

Q V'est ce que malice, c'est ce **Malice que**
que tu as souuent veu. Il est ex- **c'est.**
pedient que t'aduenant quel-
que chose que soit d'auoir en
main ceste reigle, c'est que tu
as veu cela souuent. Si tu reduits en memoire
les choses hautes, & basses tu les trouueras estre
de mesmes: & de ce sont pleines les anciennes,
& nouuelles histoires voire les villes & les
maisons. Il n'y a rien de nouueau, toutes choses
sont en vsage & de peu de duree. Or ne pourront estre esteinctes les opinions sinon que les
cogitations qui se rapportent à icelles abolies.
Il est en ton pouuoir icelles ressusciter d'vne
suite. Ie puis penser, la chose presentee, ce qu'il
faut, & si ie le puis faire: pourquoy donq trouble

ble ie mon efprit? Ce qu'eſt hors ma penſee ne
m'affiert en maniere quelconque. Or eſtant
ainſi difpoſé tu feras droit. Tu peux reuiure.
Car ſi tu contemples derechef les choſes, que
tu as cy deuant veuës & tu renouuelleras la
partie de ta vie ia paſſee. Vain eſt le deſir de la
pompe * vaines font les fables des eſchafaux,
vains font les troupeaux du beſtail gros, &
menu, vains font les debats, les petits oz qu'on
iette aux chiens, la viande qu'on iette aux petits poiſſons, les labeurs des formis, le port des
faits, & charges, les courſes des rats eſtonnez
courans çà, & là. Bref vains font les ſimulachres
tirez auec nerfs à fin qu'ils fe remuent. Et pourautant en telles choſes il faut eſtre d'vn efprit
paiſible, & non enorgueilli. Et faut entendre
que d'autant plus qu'vne choſe eſt digne, d'autant plus eſt digne ce ou l'on a mis fes fouhaits.
Il faut prendre garde à chafque mot de l'o-
raifon, & à chafque deſir de ce qui fe fait &
voir à qu'elle fin ces choſes fe rapportent, &
qu'il ſignifie illec. Mon entendement ſuffit il
pour cecy? ou nom? S'il eſt ſuffiſant, ie me fers
de luy comme d'vn inſtrument à moy octroyé
par la nature de l'vniuers à ce que m'a eſté propoſé. Si ie ne le puis faire, ie le laiſſe à quelque
autre qui le pourra mieux parfaire que moy,
mefmement ſi mon deuoir ne me commande
de le faire ou ie l'accompli tant qu'il m'eſt poſ-
ſible employant laide d'vn autre par le moyen
duquel ma penſee le peut faire parce que par

le

*Des cho-
fes vaines.
Voy Salo-
mon Eccle.
chap. 1.

le prefent il m'eft cómode, & profitable à l'humaine focieté. O combien par le paffé ont efté
d'hommes renommez, le renom defquels eft
maintenant en oubly, voire ceux qui les ont
louez font morts. N'eftime t'eftre honte te fer- Aide d'au-
uir de l'aide d'autruy. Car l'on ta mis au deuant truy.
ce que tu dois faire tout ainfi qu'à vn gen-
darme en laffaut d'vne ville. Que ferois tu
fi eftant feulet, & boiteux ne pouuoys monter
vne forterefle, ou vn baftillon ce que tu pour-
roys faire auec l'aide d'autruy? Ne foys point
troublé par les chofes aduenir. Si tu en fais ain
fi tu paruiédras à cela eftát garni de raifon de
laquelle tu te fers maintenant. Toutes chofes
font entrelaffees, & liees d'vn nud facré, &
n'eft l'vne eftrange de l'autre. Toutes chofes
font rengees par ordre & ornent vn mefme
monde. Il y a vn monde qui eft compofé de
tout. Il eft vn Dieu partout efpars *. Il eft vne * c'eft à di-
nature vne loy, vne raifon commune à tous re, fil con-
hommes: vne verité. Car il y a vne perfection prend tout.
des chofes qui font de mefme forte participans Vn Dieu
de raifon. Tout ce qu'eft de matiere fera vifte- vne Loy.
ment aboli en l'vniuers. Toute caufe fera viftement prinfe pour la raifon de l'vniuers. La
memoire des chofes fera abolie par l'aage.
L'homme a mefme action felon nature, felon
raifon. La mefme raifon qu'ont les membres
vnis,& liez,celle a l'homme és chofes diuifees,
& feparees: ie di és chofes appreftees à vne mefme action. Cecy touche ton efprit d'autant
plus

plus si tu dis souuent, Ie suis portion de ce
corps qui est composé des hommes. Mais si tu
dis que tu és portion à cause de la lettre, ou element R. tu n'aime pas encor de bon cœur les
hommes: tu ne prens pas encor plaisir en largesse, & liberalité. Que si ton esprit en est espris c'est pour vne bien seance, non que tu l'o-
ctroye vn bien fait. Certainement ce qu'aduient aux autres est à ceux qui veulent blasmer. Quand à moy ie ne suis offensé de ce que
m'aduient, si ie le mets au reng des choses mauuaises: ce que ne m'est loysible penser. Or quoy
que dient, ou facent les hommes, il me faut
estre bon. La pensee ne se trouble soy mesmes.
C'est à dire, elle n'est couuoiteuse, ne crain-
tiue. S'il y a quelque autre chose qui la puisse
espouueter ou luy apporter douleur bien, soit
elle toutesfoys ne s'esmeut par opinions: ne
s'en passionne. Or qu'elle ait soing & cure du
corps à fin qu'il ne souffre aucune chose. Et
s'il aduient qu'il souffre, qu'elle die. Il ne peut
aduenir à l'esprit ne crainte ne douleur ne mesme l'opinion de ces choses. Car ce ne sont ses
qualités. La pensee de soy n'a aucune crainte,
sinon qu'elle defaille à soy mesme: & par ce
moyen elle ne peut estre ne troublee n'em-
peschee. Felicité est vn bien. Que fais tu donq
icy, ô fantasie? Ou és tu? d'ou és tu venüe? Car ie
n'ay que faire de toy. Tu és venue selõ ta vieille coustume. Ie ne m'y attache, ne me courrouce contre toy. A tout le moins va t'en. Si quelqu'vn

qu'vn craint changemét qu'il pense qu'aucune
chose ne peut estre autrement, faite & n'est chose plus amie à nature. Pourrois-tu lauer si le
bois n'estoit changé? pourrois-tu estre nourri
sans changer de nourriture? Que peut estre fait
sans changement? Ne vois-tu pas que ton changemét est semblable à cestui? & que cela est necessaire à la nature de l'vniuers. Tous les corps
prochains à l'vniuers comme noz membres
l'vn à l'autre passent par l'vniuerselle nature
comme par vn torrent. L'aage combien a il
englouti de Socrates, de Chrysippes, d'Epi-
tectes? Le semblable aduiendra à ton esprit de
toute chose, & homme. Cecy seulement me
rend soucieux, c'est que ie ne fasse chose que
l'ordonnance de l'homme ne vueille estre faite, ou estre faite en autre maniere, ou temps. Il
aduiendra en bref que tu oblieras toutes choses, & qu'il ne sera memoire de toy. C'est le propre, & naturel de l'homme d'aimer voire ceux
qui pechent. Cela se fera si tu reduis en memoire que les hommes sont tes prochains &
parens, & qu'ils pechent par ignorance & maugré eux: & qu'il faut que tost apres & toy &
celuy qui a peché mouriez, voire toy n'estant
offensé de luy. Car par le peché d'iceluy ta pésee
n'a esté empiree plus qu'elle n'estoit au parauant. La nature du monde a fait de l'vni-
uersité, & communauté comme vn cheual de
cire, de la matiere duquel apres auoir esté fon-
due, l'on en a fait vn arbre, vn petit homme &
autres

Hommes
sont parés.

autres chofes : chacune d'icelles durera petite
efpace de temps. Certes comme il n'y a point
de mal de faire vn coffre de plufieurs pieces:
ainfi aufsi n'en y a il point en le defpeffant. Le
vifage courroucé eft contre nature veu que
c'eft vne ombre de fouuent mourir, ou eft finalement efteint tellement qu'il ne peut eftre
enflammé. Parce moyen tache à entendre que
ire eft efloignee de raifon. Car ores qu'il n'y
ait opinion ou vouloir de peché, quelle fera
la caufe de viure ? Tout ce que tu vois fera
changé en autres formes par le gouuerneur
du monde de forte que le monde fera toufiours
nouueau, ou renouuellé. Si quelqu'vn peche
contre toy, penfe incontinent, par quelle opinion il a forfait, ou pour bien, ou pour mal.
Car fi tu contemples cela tu auras compafsion
de luy, & ne t'en efmerueilleras, ne t'en cour-
rouceras. Car tu péfes, comme luy, que ce mefme eft vn bien ou autre chofe de mefme forte.

Il faut par-
donner.

Il luy faut donq pardonner. Mais fi tu iuges
autrement des biens & des maux, d'autant
plus feras tu aifé à appaifer à celuy qui a efté
deceu. Il ne faut pas penfer des chofes abfentes
comme des prefentes : ains faut choifir d'entre
les prefentes les meilleures : & faut reduire en
memoire leur caufe, & par quel moyen il les
faudroit chercher fi elles eftoyent abfentes.
Donne toy toutesfoys garde de ne tant approuuer les chofes prefentes que tu ne les ayes
en honneur, à fin que fi elles s'abfentent de toy
tu

tu n'en soyes troublé. La nature de la pensee est Nature de la pensee.
telle qu'en faisant bien & droitement, & s'ac-
cordant au bien qu'elle ne cerche ce qu'est dehors. Oste les choses veuës, empesche les mouuemens des nerfs, limite le temps, present. Cognois ce qu'aduient à toy, ou à vn autre. Diuise
le subiect en matiere & forme. Pense * de *Ecclesiaſt. chap.38.
l'heure derniere. Ce qu'est peché, cesse là ou le
peché s'arreste. Il faut escouter attentiuement
ce qu'on dit: Il faut penetrer de pensee les causes, & leurs effects. Aorne toy de simplicité,
* & modestie, & fais difference du moyen en- * ce nous enseignent les Euange listes & A-postres.
tre vertu, & vice. Aime le genre humain. Obeis
à Dieu. Car il dit que toutes choses sont faites
par vne certaine loy. Si les elemens sont di- Obeissan-ce enuers Dieu.
uins, il suffit se souuenir que toutes choses
sont côposees par vne loy certaine. La mort ou Mort.
elle est vne separation des choses non diuisées,
ou vn aneantissement, & despart. Si la douleur
est insupportable, elle fait mourir, & partant
dure long temps: mais, ce pendant, l'esprit retient sa tranquillité, & n'en est pource empiré.
Quant aux parties cassees de douleur, se plei-
gnent, si elles peuuent. Regarde quelles sont
les opinions des hommes touchant la gloire:
quelle intention ils ont, & qu'ils euitent. Tout
ainsi que les monceaux du sablon de la mer
abordez l'vn sur l'autre couurét les premiers,
ainsi est il en la vie humaine, en laquelle les
premiers sont couuerts par les suyuans.

Extr

Extrait de Plato.

Celuy qui a l'esprit hautain, & qui a cognoiſ
ſance de tout temps, voire de toute nature,
penſes tu qu'il eſtime que la vie de l'homme
ſoit quelque grand choſe? non certes reſpond
iceluy. Il ne met donq la mort au reng des
maux? nenny.

Extrait d'Ariſtenes.

C'eſt choſe royale d'eſtre blaſmé en bien faiſant. C'eſt choſe laide que le viſage obeïſe à
l'entendement, & de ſe diſpoſer, & façonner à
ce qu'il commande: veu que l'eſprit ne s'agen-
ce & orne ſoy meſmes. Il n'eſt (certes) pas vtile ſe courroucer & eſtimer côtre les choſes: car
elles ne ſe ſoucient de noſtre courroux. Le terme de ma vie eſt côme vne eſpic portant fruit.

Extrait de Plato.

Quant à moy ie ne reciteray cecy ſans cauſe. Tu ne dis pas bien (ô homme) qu'il ne faut
pas faire difference & n'auoir eſgard ne à la
mort, ne à la vie de celuy qui eſt en quelque
eſtime ains dois pluſtoſt conſiderer s'il fait
quelque choſe iuſtement, ou iniuſtement & ſi
c'eſt fait d'hôme de bien, ou autrement. Car la
verité eſt telle, & ainſi l'afferment les Atheniés
que l'homme qui s'eſt mis en quelque lieu , &
eſtat,

estat, estimant que cela luy soit tresbon, ou veu
qu'il luy soit tresbon, il doit (selon mon aduis)
persister * & demeurer là ou il a esté colloqué, *Chascun
& prendre plustost la mort, & se mettre en doit chemi
danger pour le soustenement de ce & n'estimer ner (dit S.
la mort plus griefue que la vilanie, & deshon- sa vocatiõ.
nesteté. Mais, escoute, prens garde que la grandeur d'esprit, ou autre bien soit autre que garder, ou estre gardé. Car il ne se faut s'accorder
à celuy qui dit que celuy merite estre dit hôme
qui pense qu'il faut viure long temps, & qu'il
ne faut auoir esgard à la vie. Mais au contraire
faut penser que celuy merite estre appellé hom
me qui pense par quel moyen il pourra passer Homme
iustement sa vie & laisse de ce que dict est le quel.
soing à Dieu. L'ordonnance duquel l'on ne
peut euiter. Il est proffitable considerer les
cours des estoilles comme si nous leur faisions
compagnie. Il nous faut aussi penser les changemens des elemens. Car telles cogitations
n'estoyent les souillentes. Plato a tresbien dit.
Voire quand nous parlons des hommes il faut
contempler les choses terriennes. Car qui peut
reduire plus auant en memoire les assemblees
des hommes, leurs exercites, leurs labourages,
leurs nopces, leurs pacts & conuentions, leur
naissance, & morts, les tourbes, ou troubles des
iugemens, les grandeurs des regions, les diuerses natiõs Barbares les festes, les deuils, les foy-
res & (somme toute) l'amas de telles ordu-
res & les monceaux des choses passees assem-

f　2　blees

blees de contraires:qui reduira (di-ie)en memoire tant de changemens des Empires,celuy
pourra pouruoir à l'aduenir. Car ces choses
ont mesmes façon que les passees.Et ne peuuēt
estre autrement faites. Et partant c'est mesme
chose quarāte ans que dix milliós,si tu examines la vie humaine:& ny verras autre chose.Ce
qu'est n'ay de terre sera reduit en icelle.Ce qui
a source du ciel,y retournera, soit desliement
des liaisons à quoy sont ioincts les indiuises.

Les chariots de la mort furieuse
Nous repoussons,& euitons sa voye
Beuuans mangeans,menans vie ioyeuse:
Par art magie pourueu qu'on ne foruoye.
Le vent aucunement:
Souflant diuinement
Par labeurs faut souffrir,
Auecques chaudes larmes
En endurant vacarmes:
Ensemble deuil offrir.

Est il quelqu'vn qui soit plus scauāt que toy
à la luite ? bien , qu'en est il pourtant ? Il n'est
pas pourtant plus desireux de l'aduancement
de l'humaine societé : il n'en est pas plus modeste il n'endure pas mieux ce qu'aduient : il n'est
pas plus debonnaire aux vices des hommes.Il
n'y a aucun mal ou c'est que l'on peut parfaire
quelque chose selon la raison commune àDieu,
& aux hommes. Il ne faut craindre qu'il y ait
dommage , ou perte , ou c'est qu'il est loysible
obtenir quelque profit de l'action issant droitement

tement ſelon la conſtitution des hommes. Il
eſt touſiours en ta puiſſance voire par tout
d'approuuer ce qu'aduient en gardant le deuoir enuers Dieu, & les hommes, & faire droit
à ceux qui ſont auec toy : & que tu examines
artificielement ce que tu as veu, & t'a eſté offert
à fin que tu ne reçoiues choſe qui n'ait eſté aſ-
ſes entendue, & cogneuë. Ne regarde aux pen-
ſées d'autruy : mais regarde ou nature te meine :
veu que ce t'a eſté mis en auant pour eſtre fait
ſoit tien, ou à l'vniuers. Or ce qu'eſt mis en
auant à vn chaſcun eſt treſcõuenable à la conſtitution d'iceluy. Or chaſcune choſe a ainſi
eſté eſtablie & ordonnee. Les choſes meilleures, pour les pires, les bonnes, l'vne pour l'a-
mour de l'autre. La partie de celles d'ou eſt fait
& cõpoſee l'homme, & ayant eſgard à la ſocieté
humaine eſt la principalle, & plus excellente.
La moins principalle eſt celle qui s'abſtiẽt des
perſuaſions du corps. C'eſt le propre du mouuement qui a l'vſage de raiſon & entẽdement,
de ſoy regler & borner & n'eſtre vaiſcu par ſa
fantaſie, & appetit : car c'eſt le naturel des beſtes brutes. Mais l'entẽdement tient, & a le ſiege
principal, & n'eſt gouuerné par la fantaſie ne
par l'appetit & non ſans cauſe. La nature de
l'entendement eſt telle qu'elle ſe ſert de toutes
les autres choſes & eſt vuide de folie & d'erreur. A quoy entẽtiue la partie principalle s'en
va contente du ſien. Il te faut viure comme ſi
tu eſtois ia mort & ſelon qu'il te reſte de vie ſe

*L'homme
ſon deuoir
& ſes par-
ties.*

*Maniere de
viure, voy-
re ſelon S.
Paul.*

f 3 lon

lon nature & comme situauois la vie d'abondant. Toy seul aimeras ce que t'a esté en-
iointestant de ce content. Qu'y a il plus conuenable ne mieux seant qu'auoir deuant les
yeux ce qu'aduient. Aucuns s'esmerueillans de
la nouueauté de la chose, se sont faschez de ce
qu'estoit aduenu: & ont reprins cela. Ou sont
ils maintenant? en nulle part. Que attouche
il vouloir estre semblable à ceux là? Ne y aut
il pas mieux laisser aux autres leur façon de
faire, & que tu te serues du tien? Tu pourras
bien ce faire & matiere ne de faudra, moyennant que tu y prennes garde, & y mettes ton
estude: tellement qu'il te semblera auoir acquis
honnesteté en tes faits. Il te faut souuenir de la

Fin des
faits.

fin des faits. Regarde au dedans tu y verras la
fontaine de bien que iette ses sources si tu y
fouïs. Le corps est composé, & ne doit estre separé ne par mouuement, ne par disposition.
Car tout ainsi que la pensee fait que le visage
soit bien disposé, & conuenable, ainsi est il de

Faux sem-
blant con-
damné.
Art de vi-
ure.

tout le corps, & partat faut mettre peine qu'il
soit tel. Il faut auoir soing que cela ne soit fait
par monstre. L'art de viure est comme le ieu
de la luitte, & plus semblable à l'art de sauter
d'autant que l'on a soing d'estre prest à ce
qu'aduiét, & en a la cognoissance au parauant
à fin qu'elle mette l'homme à seureté estant deliuré de ruïne. Enquiers toy continuellement
quels, & quelles sont les pensees de ceux lesquels tu veux qui portent tesmoignage pour
toy

toy. Ainsi tu ne blasmeras ceux qui pechent
non volontairement, & n'auras faute de tesmoignage, si tu regardes aux fontaines, & sources d'ou ils ont puisé leurs opinions, & appe-
tits. Platp disoit, que tout esprit est priué, &   En Protage ra.
desnué de verité par son propre vouloir. Telle
opinion faut il auoir de iustice, d'attrempance, benignité, & de toutes autres semblables
choses. Il est grandement necessaire resouue-
nir tousiours de ce. Car tu seras par ce moyen
plus debonnaire enuers tous. Il te faut promptement penser de toute douleur qu'elle n'est
pas laide n'y n'empire la pensee qui gouuerne.
Car ceste cy ne sent le dommage ne à cause de
la matiere, ne à cause de la societé humaine. La
sentence d'Epicurus proffite au plus grand
nombre des douleurs, veu qu'elles ne sont in-
supportables, ne perpetuelles. Si tu regardes
les fins tu n'en rapporteras preiudice. Souuien
ne toy aussi qu'il y a beaucoup de choses, qui
ont semblable nature que la douleur, combien
qu'elles soyent couuertement ennuyeuses, &
fascheuses, quelles sont vouloir dormir, endurer lardeur du Soleil, vouloir vomir. Que si tu
en es marri di à toy mesme que douleur t'a
vaincu. Ne sois tellement esmeu contre les inhumains comme sont des hommes, contre les
hommes. D'ou appert que Socrates a esté renommé, & a eu vne meilleure ordonnāce. Car
ce n'est pas asses de mourir en renommee, ou
d'auoir plus scauamment disputé auec les So-

f 4   phistes.

phiftes, d'auoir plus patiemment couché dehors au froid, ou d'auoir fouftrait Leon *Salo-
mon par le commandement du tyran, d'auoir
vaillamment refifté, ou d'auoir monftré és
voyes vne maiefté ou hauteffe: de quoy l'on
pourroit doubter, s'il eftoit vray ou non. Mais
il faut confiderer quel efprit auoit Socrates,
s'il pouuoit eftre content. S'il fe monftroit
droit, & iufte aux hommes, & s'il faifoit fon
deuoir enuers Dieu, & s'il ne fe courrouçoit
follement à caufe de la malice des autres, s'il
ne s'afferuoit il à l'ignorance d'aucun: ou s'il
ne faifoit rien de ce que deffus, feroit il accorder fa penfee aux affectiós de la chair, ou pren-
droit il cela cóme chofe eftrange, ou infupportable, que la nature de l'yniuers euft baillé?
Nature n'a pas tellement entremeflé toutes
chofes qu'il ne foit loyfible fe borner foy mefmes, & de ne pouuoir retenir en fa puiffance
ce qu'eft particulier & propre à chacun. Il eft
bien pofsible que quelqu'vn foit fait diuin &
qu'il ne foit conneu. Souuienne toy toufiours
de cecy c'eft que la vie heureufe gift en peu de
chofes. Car combien que tu n'ayes efperance
de pouuoir eftre fait à l'aduenir dialecticien,
ou phyficié, ne penfes pourtát que tu ne puiffe
eftre frác, libre, chafte, compagnable, & obeïf-
fant à Dieu. Il eft loyfible viure en trefgrand
plaifir d'efprit fans danger de violence, & ores
que chafcun crie contre nous ce qu'il voudra
voire quant les membres de noftre corps feroyent

* Voy, Dio-
gen. Laert.
en la vie d'i
celuy.

Borner foy
mefme.

royent mis par pieces par les beſtes ſauuages,&
furieuſes. Car qu'eſt ce qu'empeſche, que cependant la penſee ne s'entretienne en paix &
vray iugement des choſes preſentes,& par l'expedient vſage de ce qu'eſt entre mains? de ſorte
qu'il ne die le iugement de l'affaire qui ſe preſente. Certes tu és tel de nature : combien que
tu te monſtres autre ; comme l'experience
de la choſe preſentee le declare. Ie te cher-
choys. Car ce que ſe preſente ce m'eſt
matiere d'exercer vertu raiſonnable, &
ciuile, ou totalement humaine, ou diuine.
Car tout ce qu'aduient eſt familier à Dieu, ou
à l'homme, & n'eſt nouueau, ne intraictable,
ains couſtumier, & maniable. La perfection
des meurs nous rend cecy, ſcauoit eſt que tu
paſſes chaſque iour comme s'il t'eſtoit le dernier, & que tu ne trembles, & ne t'en eſtonnes
point, & que tu ne te contrefaces point, ou
feignes en choſe que ſoit. Car ores que Dieu
ſoit immortel, ſi eſt ce qu'il n'eſt mal content
d'endurer & ſouffrir les hommes meſchans par
ſi long aages : ains pluſtoſt a yn ſouuerain ſou- Pſalm.8.
cy d'iceux. Toy qui maintenant delaiſſe à viure tu as vn deſeſpoir: toy (di ie) qui és du nombre des meſchans. C'eſt vne moquerie ne vouloir euiter ta propre malice ce que tu peux, &
dois vouloir fuir celles des autres : ce que ne
t'eſt loyſible. Tu iugeras iuſtement eſtre choſe
indigne, & deshonneſte ce que ta force raiſonnable, & ciuile a inuenté ce que n'eſt con-

f 5 uen

uenable à raison ne profitable à societé. Si tu
as fait quelque bien a quelqu'vn, & en y a aucun qui ait receu ce bien fait: quel tiers requiers tu outre ces deux à la mode des fols,
c'est que tu faces bien & en reçoiues vn grand
mercy. Aucun ne se lasse de receuoir ce que
luy est profitable. Quoy ne t'est profitable faire
quelque chose selon nature? Ne te lasse donq
pendant que tu profite aux autres t'acquerant
quelque bien. La nature de l'vniuers s'applique
& s'employe à la facture du monde. Ce qu'est
maintenant ou il est fait pour la suite ou és
plus excellentes des choses esquelles la nature
gouuernant le monde se transporte, il faut tenir que raison n'allie, ne conseil aussi. Si tu
retiens d'en memoire cecy, tu auras vn esprit
tranquille en toutes choses.

LIVRE XIII.

Ecy sert aussi pour amoindrir
la conuoitise de gloire, d'autant
qu'il ne t'est loysible viure phi-
losophiquement comme tu as
commencé des ton ieune aage:
ains est à toy & aux autres euident que tu t'es
esloigné de Philosophie. Tu as perdu tous
moyens, veu que tu ne peux maintenant acquerir le nom de philosophe, & que ton dessein
& maniere de faire repugnent. * Parquoy, si tu
as regardé de pres en quoy l'affaire gist, cesse à

* 1. profes-
sio. de ma-
ne. par. lib.
10.C.

ic

te soucier quel tu és tenu, & estimé, ainsi te suf-
fise viure le reste de ta vie selon que nature
commande. Considere ce qu'elle veut de sorte Inconstãce
qu'aucun ne t'en puisse diuertir. Car tu as es- dõmagea-
prouué qu'estant inconstant, entour de com- ble.
bien de choses tu n'as trouué vie heureuse. Elle vie heureu
ne gist pas en ratiocination, n'en richesses, n'en se.
gloire n'en volupté, en nulle de ces choses. En
quoy donq ? En faisant ce que la nature de
l'hõme requiert. Par quel moyen sera fait cela?
Si tu as les enseignemens d'où sordent les appetits & actions. Quels sont ils les biens, & les Courage-
maux. En l'homme ne gist aucun bien, s'il ne de use
rend iuste, attrempé, constant, & liberal. Au
contraire en luy n'est aucun mal s'il ne fait le
contraire de ce que dit est. Demande à toy mesme squ'elle est toute actiõ. Ne t'esmeuz pour sa
repentéce. Peu s'en faut que tu ne meure. Tout
est du mylieu. Que requiers ie dauantage, si la
presente actiõ est de l'homme raisonnable desireux de societé? Quelle difference y a il entre
Alexandre, Caius, Pompee, & Diogenes, Heraclite & Socrates? Car ceux cy auoyent cognoissance des choses, & de leurs causes. Ceux là co-
gnoissoyent en quoy gisoit prudence, & seruitude. Et neantmoins ils feront les mesmes choses. Prens en premier lieu garde que tu ne te
trouble point. Car toutes choses aduiendront
selon la nature de l'vniuers. Tu ne seras peu
apres ce que tu es maintenant Adrian, & Auguste. En apres contemple & considere la chose
                                          mes

mesme te souuenant qu'il te faut estre homme
de bien. Fay ce que la nature de l'homme veut,
& requiert, & pense que tu as constamment, &
iustement fait ce que t'a esté proposé moyennant que tu l'ayes fait paisiblement, modeste-
ment & sans dissimulation. La nature de l'v-
niuers fait que ce qu'est maintenant d'vne sorte elle le change en vn autre & le transporte
d'vn lieu en autre. Tout est fait par changemens. Ne crains chose qui soit: car tout ce
qu'aduient est vsité, & est également desparti.
Vne chasque nature suffit pour soy si elle va, &
entre au droit chemin. Or nature intellectiue
fait cela si elle prend garde qu'en ses cogitations elle ne consente point à chose fausse, ou
obscure. Que la vehemence du cœur dresse seulement ses actions qui seruent à la societé humaine: qu'elle desire & euite ce que gist en
nous: qu'elle prenne en gré ce qu'est ordonné
par la nature commune. Car il est partie de celuy commme la nature d'vn fils est partie de la
nature de la race: sinon que ce soit sa nature:
laquelle n'ayant sens, n'entendemét qui puisse
empescher. La nature de l'homme est partie de
la nature qui entend ce qu'elle ne peut empescher & qu'elle soit aussi iuste, & droite. Car
elle diuise également & selon l'estat d'vn chascun le temps, & substance, l'action, voire ce
qu'aduient. Considere que tu trouueras égalité
si tu examine chacune chose. Il ne sera pas ainsi, si tu veux comparager vne chose seule auec

les

Marginal notes:
Nature de l'vniuers.

Contempla tion.

les vniuerfelles. Mais quoy ? il eft loyfible foy
garder d'vne volonté, defordonnee : & eft loyfible de vaincre voluptés, & douleurs, voire
gloire. Il eft auffi loyfible aux fots & ingrats ne
foy courroucer. Aucun ne t'entende reprendre
la forte de viure de la cour, ne des courtifans,
voire non pas toy mefme. Repentence eft vne
certaine reprehenfion de foy mefme pour quelque bien * delaiffé. Or faut il que le bien foit
profitable. Et partant faut que l'homme de
bien, & honnefte ait foin d'iceluy. Mais aucun
tel ne fe repentira d'auoir mefprifé quelque
volupté. Il ne faut donq mettre volupté au
rang des biens ne des chofes profitables. Il
faut auffi diligemment confiderer les chofes.
Que fignifie cela à par foy, & fa propre conftitution ? quelle eft la fubftance, matiere, & forme d'icelle ? quel eft l'office d'icelle au monde ?
& combien doit elle durer ? Si tu t'efueille
maugré toy de dormir, fouuienne toy qu'il eft
conuenable à la conftitution, & nature de
l'homme qu'il faut que tu face quelque chofe
qui profite à la focieté humaine : Le dormir eft
commun aux hommes & aux beftes brutes. Or
ce que gift en chacun felon nature, luy eft plus
peculier, plus prochain, voire plus agreable. Il
faut auoir ce en main (fi faire fe peut) côtinuel-
lemét, & és cogitatiôs, qui enchéent. S'il te plaît
traiter auec quelqu'vn de la nature des affectiôs
ou d'autres chofes, interrogue toy deuant q̃ celuy fent des biens, & des maux. Ie penferay que
comme

Marginal notes:

Repentãce que c'eft.

* ou d'vn peché, ou forfait com me l'ô peut recueillir des fainctes efcritures.

Dormir.

comme c'est chose deshonnoste d'estimer chose
miraculeuse, si comme le figuier produit son
fruit, ainsi aussi le monde produit ce en quoy
il est abondant. C'est aussi chose vilaine à
vn medecin ou gouuerneur de nauire s'es-
merüeiller si quelqu'vn a la fiebure, si le vent
est contraire. Souuienne toy de changer sentence, & d'obeir à celuy qui admonneste droitement, comme si c'estoit d'vn homme libre.
Car ton action est faite selon la vehemence de
ton esprit, selon ton iugement & pensée. Si cela est en ta puissance, pourquoy le fais tu? Si cela gist au pouuoir d'autruy, pourquoy le re-
prens tu? Il ne faut donq rien reprendre. Car, si
tu peux corrige toy, ou celuy qui est la cause.
Si tu ne peux corriger le premier, corrige la
chose mesme. Si tu ne peux corriger ne l'vn, ne
l'autre que t'a il profité d'auoir reprins? Or ne
faut il rien faire en vain. Ce que meurt n'est
priué du monde. Car tout ainsi qu'il est fait, &
changé, ainsi aussi est il desassemblé, & resout
en elemens, que te sont communs auec le monde, voire sont iceux elemens changez. Chasque
chose a esté faite pour quelque fin, comme la
vigne, & le cheual. S'en faut il esmerueiller?
Car mesmes le soleil & autres astres peuuent
dire pour quelle cause ils ont esté faits. Quant
est à toy, à quelle cause & fin as tu esté fait?
pour prendre tes plaisirs, & voluptez, voy si
ton entendement porte cela. Nature consulte
du commencement, de la duree, & de la fin de
chas

chaſcune choſe. Si quelqu'vn iette en haut vne
paulme, quel bien ou mal ſoit qu'elle ſoit eſleuee, ou qu'elle chee. Quel bien aduient il au
bouillon venant ſur l'eau quand il pleut s'il
demeure, ou ſe diſſoult, & perde? Tu pourras
entendre ce meſme en la lampe ardente. Conſidere ce qu'eſt fait à ce petit corps s'il s'en-
ȧieillit, s'il deuient malade, ou s'il paillarde. Breue eſt la vie de iceluy qui loue, & de
celuy qui eſt loué, de celuy qui parle de quelqu'vn, & de celuy duquel il parle. Dauantage
cela eſt fait en l'anglet d'vne portion du monde. Tous * ne s'accordent pas voire ſi diſcorde * I quia po-
terat D. ad
S.C. Trebe.
l'on en ſoy meſme. La terre eſt vn point. Prens
garde à l'opinion preſentee, au fait, & au dit.
A bon droit tu ſoufre cecy. Tu aimerois mieux
deuenir bon demain qu'auiourd'huy. Si i'ay
donc fait quelque choſe, que cela ſoit rapporté
pour bien faire aux hômes. N'aduient il quel- Dieu eſt
ſource des
choſes.
que choſe, ie la rapporte à Dieu qui eſt la fontaine, & la ſource de toutes choſes, & duquel
elles en elles iointes dependent. * C'eſt ioye à * Iacobi I.
cap.
l'homme en faiſant ce que luy eſt propre, &
particulier. Or luy ſont ces choſes, qui s'en-
ſuyuết propres, & particulieres bien vueilláce Propre de
l'homme.
enuers les hômes, meſpris des mouuemens qu'il
ſont és ſens, diſtinction entre les choſes veuës
probables, contemplation de la nature de l'v-
niuers, & de ce qu'eſt fait ſelon icelle, dauantage trois reſpects ou eſgars le premier eſt à la
cauſe prochaine. Le ſecond à la cauſe diuine,

d'cu

d'ou tout procede. Le tiers de ceux qui viuent
auec nous. Douleur est elle mauuaise au corps,

Douleur
n'est dom-
mageable. qu'il le declare & die. Est elle mauuaise, & dó-
mageable à l'esprit, nenny. Car cestuy peut
entretenir sa tranquillité, & estimer douleur
n'estre mal. Car tout iugement, toute vehemence, tout appetit, toute inclination est au
dedans, parquoy douleur ne luy apporte mal
aucun. Partant oste de ton esprit tout ce que
tu vois. Admonneste toy sans cesse. Il est maintenant en mon pouuoir que ie n'aye aucune
malice, couuoitise, ne trouble en mon esprit.
Mais quand ie vois les choses cóme elles sont
ie me sers d'elles selon leur estat. Souuienne
toy que cela t'est loysible selon nature. Parle
proprement & par ordre tant au Senat qu'a
tous hommes. Il ne faut pas tousiours vser ou-
uertement d'vne oraison saine, & de bon sens.
La mort a saisi la cour d'Auguste. Toute la race de Pompee est fallie & esteinte. D'ou nous
voyons par l'inscription des sepulchres quel-
Vie cóme
doit estre
dressee. qu'vn auoir esté le dernier d'icelle maison. O
combien ont esté soucieux les ancestres de
laisser quelque successeur & est tresnecessaire
quelqu'vn estre dernier. Il faut aussi tellement
dresser sa vie que l'on sache rendre compte de
son fait, & que ce soit euident, & prouué. Si
vne chascune action fait son deuoir, soys content, & aucun ne t'empeschera que cela ne se
face. Mais (diras tu) quelque chose exterieure
empeschera: Certes il n'est chose qui empesche
                                        iust

iuſtice, modeſtie, & prudence. Mais parauanture quelque choſe ayant pouuoir empeſche-
ra? Prens en gré c'eſt empeſchement. Car tout
incontinent, le paſſage fait à ce que t'eſt loyſible, il te naiſtra vne action conuenante à celle
de quoy nous parlons. Il faut receuoir ſans arrogance, & laiſſer auec facilité. Si quelquefois tu as veu vne main coupée, vn pied, ou
la teſte giſant morte, penſe que celuy leur reſ-
ſemble qui reiette ce qu'aduient, & ſe ſepare, &
deſioint de la ſocieté humaine, & qui fait quelque choſe eſtrange à icelle. Ainſi auſſi tu t'es
raui de l'vnion naturelle de laquelle tu és n'ay
eſtant partie d'icelle. Maintenant tu t'en és
retranché. Or a il eſté ordonné que tu ſois
reioint à icelle. Ce que Dieu n'a octroyé à
aucune autre partie, ſcauoir eſt, qu'vne ſeparee
croiſſe de rechef auec le tout. Conſidere en
c'eſt endroit la bonté de Dieu qui a tant fait
d'honneur à l'homme*. Car il luy a octroyé
qu'il ne fut ſeparé de ſon tout : & s'il l'auoit ſeparé qu'il peut ſe retourner & recouurer le lieu
de ſa partie. Car tout ainſi que chaſcune nature qui eſt raiſonnable prend d'icelle les autres
puiſſances ainſi, auſſi nous prenons d'icelle.
Car tout ainſi qu'elle change & ſoumet à l'ordonnance, ce qu'empeſche & reſiſte, elle fait ſa
partie : ainſi tout homme peut prendre pour ſa
matiere tout empeſchement, & s'en ſeruir à ce
qu'il taſchoit. Que la cogitation de la vie, ne
te trouble point, & ne te deſtourne des choſes

Pſalm. 8.
Geneſ. 3.

Il confeſ-
ſe (ſe me ſe
ble)la reſur
rectiõ de la
chair : qui
eſt l'article
treſcertain
de la foy
Chreſtiéne.

g qui

qui femblent te pouuoir apporter douleur.
Mais apres que toutes chofes fe feront prefen-
tees, il te faut demander à toy mefmes que c'eft
qu'il y a en icelle chofe d'infupportable. Car tu
auras honte de confeffer cela. Tu auras en-
apres fouuenance que les chofes paffees, ou futures ne te peuuét fafcher, ains tant feulement
les prefentes. Ceux cy s'amoindriffent, fi tu les
bornes, & que tu reprenne tes cogitations s'il
ne te faut fouffrir d'elle pour chofe fi petite.
Afcauoir mon fi Panthee & Pergamus font
maintenant afsis aupres du tombeau. A fcauoir mon, fi Chabrias, & Diotimus font afsis
*aupres du fepulchre d'Hadrian? C'eft chofe
digne de rifee. S'il y eftoyent afsis ceux la en
auroyét il quelque fentimét? Ou s'ils l'auoyent
feroyent ils faits immortels. N'a il pas fallu par
ordonnance qu'ils foyent deuenus vieux, & vi-
eilles, & qu'en apres ils mouruffent.* Or apres
que ceux cy feront morts que feront ceux la?
Toutes ces chofes font puantes, & font pourri-
tures dans vn fac. Regarde de bien pres fi tu as
la veuë aiguë, & iuge fagement. Ie ne treuue
vertu en la conftitution de l'homme qui chaffe
iuftice : mais ie voy bien qu'abftinence chaffe
hors volupté. Si tu ofte ton opinion & ce que
te femble apporter douleur, tu es en lieu tref-
feur. Qu'eft il? raifon? Mais (diras-tu) ie ne fuis
pas raifon? bien foit. Partant la raifon ne baille douleur à foy mefmes. S'il y a quelque autre
chofe en toy qui foit offenfee que elle en iuge
foy

*Ancienne
couftume
des anciés
Romains
côme l'on
trouue aux
Digeftes.

* Genef. 3.

soy-mefmes. Quand le fommeil, o u l'appetit
eſt empeſché ce mal aduient à l'ame vegetatiue
qu'eſt offenſee par autre douleur : ainſi auſsi ſi
la penſee eſt empeſchee, cela eſt fait au dommage de la nature qui a penſee. Rapporte à toy
tout cecy. Es tu touché de douleur, ou de volupté. Si la veuë eſt empeſchee tellement qu'on
ne puiſſe voir, le ſens eſt empeſché. Si tu as appetit de quelque choſe ſans exception, cela eſt
fait auec le dommage de la partie capable de
raiſon. Si tu as l'intention commune, tu ne ſeras n'empeſché, n'offenſé. Il n'y a autre choſe
qui puiſſe empeſcher les actions de la penſee.
La penſee ne peut eſtre atteincte par feu ne par
glaiue, & moins par vn tiran, ne par calomnie,
ne par telles autres choſes.

En ſa rondeur demeure la Sphere
Quand faicte on la.

C'eſt (certes) choſe cruelle ſi ie m'apporte douleur à moymeſme, qui n'ay iamais volontairement offenſé aucun. Il y a de choſes
qui apportent ioye aux vns. Si ma partie qui
eſt principale eſt ſaine, elle me fait ioyeux
Pourueu qu'elle ne me deſtourne des hommes. L'on doit regarder, & contempler toutes
choſes & ce ayant les yeux paiſibles, & ſe ſeruir des choſes comme il appartient. Apprens
que le temps preſent t'eſt fauorable. Ceux qui
ont ſoin de la louange de leur poſterité, ils ne
penſent pas qu'ils ſoyent à l'aduenir ſemblables à ceux cy deſquels ſont marris, veu qu'eux

g 2 meſ

mefmes foyent mortels. Qu'as tu qu'affaire,
s'ils te chantent, & louent de telles voix, ou
qu'ils ont telle opinion de toy? Ofte moy, &
me mets ou tu voudras: ie me feruiray là de
mon naturel fauouris & content s'il fe porte
bien & face chofe conforme à ma nature. Eft
il conuenable que mon efprit fe porte mal, &
que partant il foit plus pire que luy mefmes
abbaiffé, defireux, foucieux, chagrin, eft efpou-
uété? Il ne peut aduenir à l'hôme chofe qui ne
foit humaine, ne mefmes au bœuf, n'y à la vigne, ne à la pierre que tout ne foit conuenable
à leur nature. Que fi ce qu'aduient à chafcun
eft accouftumé, & naturel qui a il dequoy il
te faille courroucer? Nature commune ne
t'apporte chofe infupportable mais fi tu és trou
blé pour quelque chofe eftrange ce n'eft pas
elle qui te fafche ains ton propre iugement.
Or eft il en ta puiffance l'aneantir. Si ce que
gift en toy te fafche, & baille ennuy qui eft celuy qui t'empefchera d'efmenter ton opinion?
Semblablement fi tu es marri que tu ne fais
cela, il te proffitera de penfer pourquoy tu ne
fais quelque chofe pluftoft qu'eftre marri. Et
quelque chofe de plus grand puiffance, & au-
ctorité t'empefche ne foyes marri veu que ce
ne foit ta coulpe que tu ne le face. Mais il te
femble qu'il ne faut pas viure, fi cela n'eft fait:
laiffe ta vie paifiblement: car celuy qui fait,
meurt eftant equitable à ceux qui l'empefchét.
Souuienne toy que ta partie principale ne
peut

peut eftre vaincue, ne outrepaffee, veu que
ramaffee, & retournee à foy, elle eft contenté
& ne fait aucune chofe outre fon vouloir, voire quand elle bataillerait fans armes. Que fera
il donq fait fi eftant bien munie & garnie de
raifon, elle iuge prudemment des chofes. Parquoy la penfee libre de paffion r'eft vne for-
tereffe : car l'homme n'a chofe mieux fournie,
n'en meilleur equipage tellement qu'y pren-
nant recours ne peut eftre vaincu. Celuy qui
n'a veu cela ou qui n'y a prins garde eft mal
aprins, & eft vn lourdaut. Au contraire, celuy
qui l'a veu, & n'y a eu recours, eft malheureux.
Donne toy garde d'adioufter fi ta veuë, ou
penfee t'annonce quelque chofe. Te rapporte
l'on que quelqu'vn a mefdit de toy, tu n'en és
pourtant offenfé. Ie voy bien qu'vn enfant
eft malade, mais ie ne voy pas qu'il foit en danger. Arrefte toy à cefte maniere à ce que tu as
premierement veu, n'adioufte rien au dedans,
& par ce moyen n'y aura aucun mal. Mais cecy
peux tu bien y ioindre que tu cognois bien ce
qu'aduient au monde. Le concombre eft il
amer, laiffe le. Y a il des buiffons efpineux au
chemin, euite les, & ne dis pas, ces chofes pourquoy ont elles efté mifes au monde ? Car tu ferois moqué de celuy qui recherche la nature
des chofes, comme celuy qui entreroit en la
boutique d'vn charpentier, ou coufturier, &
trouueroit eftrange d'auoir fait des rabouteu-
res, & retailleures. Ceux cy prennent par de-

g 3   fpit

Penfee fans paffions.

spit & defdain ietter au loin ces chofes : mais
la nature de l'vniuers n'a rien hors foy. Il eft
bien conuenable s'efmerueiller principale-
mént de fon induftrie, que veu qu'elle ne foit
bournee, elle retire, & tranfporte à foy ce
qu'elle a en foy mefmes, ce qu'eft fubiet à corruption,& vieilleffe, & qui ne fert à rien,& de
rechef de ceux cy en fait de nouuelles, tellemét qu'elle ne quiert fubftáce hors foy, ne lieu
aufsi pour y ietter ce qu'eft de peu d'eftime.
Elle eft donq contente de fon lieu, de fa matiere, & art. Il ne faut pas doubter de ce qu'on
doit faire, ne fe troubler, & n'auoir diuers
penfemens & inconftans, ne perdre du tout
courage, ne l'efleuer par foudaine vehemence,
n'vfer fa vie ennuyeufemét en vaines occupations. Les hommes font meurtres, & maudif-
fent : cela pourtant ne peut nuire à ta penfee,
fi qu'elle ne foit nette, fage, modefte, & iufte
tout ainfi que fi quelqu'vn iettoit de l'ordure
dans vne claire & douce fontaine : car neantmoins elle ne ceffe à foudre à grand abondance d'eau nette, voire quand quelqu'vn y iette-
roit de la bouë, elle la iettera dehors, & ne ta-
rira, ne fera clofe. Que faut il donc faire à fin
que la fontaine dure toufiours ? Difpofe toy
tellemét que toutes heures tu fois franc, doux,
modefte & fans dol. Qui ne fcait qu'il y ait vn
monde, celuy ne fcait ou il eft. Celuy qui ne
fcait à quelle fin il eft n'ay, ne quel il eft, il ne
fcait s'il y a vn monde. Celuy qui a defaut de
l'vn

L'homme
quel doit e-
ftre.

l'vn & de l'autre il ne fcauroit dire pourquoy
il a efté fait. Qui te femble iuger le mieux, ou
celuy qui fait la louange de ceux qui l'applau-
diffent, ou ceux qui ne cognoiffét là ou ils font
ne quels ils font? Veux tu eftre loué par vn qui
fe maudira trois fois en vne heure? veux tu
complaire à vn qui ne s'appreuue foy mefme?
finon qu'ils'appreuue tellement qu'il fe repent
prefque de tout ce qu'il a fait. Il ne faut pas
tant feulement fouffler l'air enuironnant, ains
faut confentir à la penfee qui contient l'vniuers. Car fa force, & vertu intellectiue n'eft
en elle moindre qu'elle ne puiffe attraire à foy
ce qu'eft entour foy, non moins que l'haleine
à celuy qui veut halener. La malice ne peut
nuire generalement au monde: en fpecial elle
ne peut offenfer le prochain: elle nuit feulement à celuy qui luy eft octroyé, mais en forte
que tout incontinent qu'il veut, il s'en deliure.
Le vouloir d'autruy n'attouche, ou n'affiert
non plus au mien que fon ame, ou fa chair.
Car combien qu'il foit vray que nous foyons
n'ays les vns pour les autres, toutesfoys noz
parties principales ont chafcune leur domina-
tion, & feigneurie. Car pourquoy feroit ce
que la malice d'autruy me fut caufe de mal,
veu qu'il n'a pleu à Dieu qu'il fut en la puiffance d'autruy que ie fuffe malheureux. Le foleil
femble entre efpars, mais fi eft ce qu'il n'eft
defpefsé. Quand il eft efpars il eftend enfemble fes lueurs, que nous appellons rayons. Tu

Contemplation ioincte à l'action.

Malice à qui nuifable.

N'ay l'vn pour l'autre.

Soleil efpars par fes rayons.

Rayon & fa nature.

g 4   cogno

cógnoiſtras la nature du rayon, ſi tu regardes
la lumiere du ſoleil entrât par vne fente eſtroi-
te dans vne maiſon ombrageuſe & obſcure.
Car il entre droictement & eſt diuiſé à l'ob-
iect d'vn corps ſolide d'autant qu'il occupe
l'air, il demeure là & ne chet pas. Ainſi auſsi
faut il que l'entendement ſoit eſpars, mais non
deſpeſſé çà & là. Or à ce qu'il ſoit eſtendu, il
ne faut pas que par vne vehemence temeraire
il choque contre les empeſchemens mis auant,
ne qu'il s'abbate, ains demeure ferme, & louë
ce d'ou il a eſté prins. Celuy qui craint la mort,
craint la perte de ſes ſens. S'il pert le ſens il ne
ſent aucun mal. Les hommes ſont n'ays l'vn
pour l'autre. Apprens donq, ou les ſupporte,
& endure d'eux. La penſee eſt autrement portee que la fleſche, ou dard. Car ores que la
penſee ſoit bien aduiſee & experimentee, elle
eſt toutesfoys droitement portee pour entrer
en la partie principale d'vn chaſcun. Elle baille entree auſsi à chaſcun d'entrer en ſa principale partie.

LIVRE IX.

Meſprix de
Dieu.

Eluy qui fait iniuſtice eſt coulpable du meſpriſement de Dieu,
& de pere, & de mere. Car veu
qu'il a fait l'homme à celle fin,
qu'entant qu'il eſt conuenable,
& appartient, qu'il proffite & qu'il ne nuiſe à
perſon

personne. Celuy qui preuarique la volonté de
Dieu, certes il est coulpable d'impieté. Celuy
qui ment est coulpable d'impieté. La nature de
l'vniuers est la nature des choses qui sont. Or
toutes ces choses sont prochaines l'vne à l'autre, & sont entrelassees. Et, qui plus est icelle
mesmes est appellee verité, & est la premiere
cause des choses vrayes. Parquoy celuy qui
ment à son escient il est coulpable d'impieté
parce qu'il deçoit. Mais celuy qui ment non à
son escient d'autant qu'il est different de la nature de l'vniuers, & qu'il fait quelque chose
non auec bienseance il repugne à la nature
de l'vniuers. Car il contredit allant au contraire, se despartant du vray outre que le
port de sa nature qui luy a baillé les occasions
Par le mespris de ce que dessus il ne peut dis-
cerner le vray d'auec le faux. Celuy aussi est
coulpable d'impieté que couuoite volupté co-
me vn bien, & qui euite douleur comme si c'e-
stoit quelque mal. Car cestuy souuet se plein-
dra de la nature de l'vniuers: comme si elle luy
auoit baillé quelque mal, outre l'honneur de
l'homme parce que souuentesfoys les mauuais
iouissent de volupté voire possedet ce dequoy
elle sort, & est faite. Au cotraire les bons souf-
frent douleur & tombétés causes de douleur.
Or maintenant celuy qui craint douleur il
craindra quelquefoys ce que sera fait au monde: mais certes cela est chose meschante. Derechef celuy qui ensuit volupté, il ne s'abstiendra

Menteur
coulpable.

Conuoy-
teux coulpa
ble.

Voluptueux
iniulie.

g 5 d'ini

d'iniuftice : & ne peut nier que ce ne foit impieté manifefte. Or il faut que celuy qui veut
enfuyure nature comme chef,& capitaine femble eftre efgalement difpofé à ce que nature a
fait efgal en l'vne & l'autre partie , car elle
n'euft fait ne l'vne ne l'autre, finon qu'elle euft
efgalement efgard à l'vne & à l'autre. Certainement celuy fait mefchamment qui ne met
en mefme moment douleur, volupté, la mort,
la vie, la gloire, & l'ignominie : defquelles nature fe fert efgalement. Or ce que i'ay dit que
nature fe fert efgalement de ces chofes cy, il le
faut ainfi entendre qu'icelles aduiennent en
l'vne , & l'autre partie , & ce d'vne fuite felon
l'ancienne vehemence de prudence , par laquelle elle s'applique a ainfi difpofer les chofes de quelque commencement ayant enclos
quelques raifons & deftiné quelques facultez
d'ou fortirôt les changemés fuppofez, & leurs
iffues. Ce feroit chofe plus agreable que l'hôme
mourut fans auoir efté menteur, voluptueux,
ne diffolu, c'eft (dient ils) vne feconde nauiga-
tion qu'eftant faoul de ces chofes auant defpar
tir de cefte vie que les auoir efprouuees. Expe-
Pefte d'e-
fprit. riéce ne t'a elle encôr enfeigné de fuïr la pefte?
Car cefte forte de pefte eft corruption de l'entendement, beaucoup plus que l'indifpofition
de l'air, ce changemét. Car cefte forte de Pefte
faifit feulemét les animaux entant qu'ils viuét,
mais l'autre faifit les hômes entant qu'ils font
hommes. Ne mefprife la mort, mais prens la en
                                        bon

bóne part. Car c'eſt l'vne des choſes * qu'a eſté * Geneſ.3.
ordónee. Car tel quel eſt le reieunir, enuieillir,
croiſtre, auoir vigueur, auoir les dents, & la
barbe, & les cheueux blancs, faire enfans, eſtre
enceinte, enfanter & autres effects naturels ap-
portez par les téps de la vie, tel eſt auſſi le diſ-
ſouldre, ou le deſlier, c'eſt à dire le mourir. Par
quoy c'eſt à l'homme vſant de raiſon n'eſtimer
la mort griefue, violente, ou digne de meſpris,
ains l'attendre comme vne action naturelle,
& tout ainſi que tu attens le temps que ta femme enfantera ainſi auſſi faut il attendre l'heure
que ton ame ſortira de ce réceptacle. Que ſi tu Raiſó pour quoy ne faut crain-dre la mort
reçois c'eſt enſeignement dur, mais tel qu'il
puiſſe toucher le cœur tu endureras facilement, & patiemment la mort, ſi tu penſes quels
ſont ceux deſquels tu fais deſpart, & de quelle
ordure de meurs il faut ſeparer ton eſprit. Tu
ne dois pas te courroucer auec ceux, qui viuent auec toy, & te hantent, ains dois auoir
ſoucy d'eux, & te monſtrer paiſible à eux. Il te
faut toutesfoys penſer qu'il te faut deſpartir
des hommes: qui n'ont meſme opinion que
toy. Car c'eſtoit vne choſe laquelle te pouuoit Diſcord la-bourieux.
retenir en la vie, s'il euſt eſté permis à l'homme
de viure auec ceux qui ſeroyent de meſme opinion. Tu vois maintenant combien ſoit la-
bourieux le diſcord de ceux qui viuent enſemble, tellement que tu dis, ô mort viens plus
viſtement, à fin que ie ne m'oblie moy meſmes.
Celuy qui peche, peche à ſoy meſmes: qui fait

iniuftice fait iniuftice à foy mefmes, & en mal
faifant, s'offenfe foymefmes. Celuy aucunef-
foys fait iniure, ou tort qui ne fait, ou commet
quelque forfait, ou ne fait rien, & non celuy
qui fait. Si l'on a vne certaine opinion des
chofes, & que ton fait ait regard à la focieté humaine, & que l'efprit foit tellement difpofé
qu'il préne en bonne part tout ce qu'aduiét ou
tre ce qui prouiét de la caufe : fi l'on a ces chofes, cela fuffit pour ofter les opiniós, pour arrefter la veheméce de l'efprit, pour efteindre l'appetit & pour auoir presté en foy la partie princi
pale. Vne vie a efté baillee aux beftes brutes, vne
penfee à l'hóme raifonnable, & tout ainfi qu'il
y a vne terre des terriens, vn air que nous at-
trayons, & que nous voyons vne lumiere, nous
auons aufsi vn pouuoir de voir toutes chofes,
& de viure. Ce qu'a quelque chofe de commun,
employe fa force à ce qu'eft de mefme forte.
Toute chofe terrienne porte à la terre, chofe
humide, ou qui eft de l'air porte à ce qu'eft de
fa forte, tellement que par icelle force il eft
efteint, & fuffoqué. Le feu eft porté en haut à
caufe de l'element du feu. Or à tout feu eft
quelque chofe apprestee à fin qu'il foit enflammé tellement que toute matiere treffeche
conçoit facilement le feu. Car il y a moins en
fon air doux, & temps tellement que fon in-
flammation ne peut eftre empefchee. Parquoy
tout ce qui eft participant, de la commune penfee tafche femblablement à ce que luy eft prochain

Elemens &
leurs effets.

chain voire à dauantage. Car d'autant qu'il eſt
plus excellent que les autres choſes, d'autant
eſt il plus preſt a eſtre meſlé auec ce qui eſt de
meſme ſorte, & genre. Partant és beſtes brutes
ont incontinent eſté trouuees choſes ſans ame,
les troupeaux, le nourriſſement * de leurs *l. 1. D. de
inſtit.&iur.
faons, & petits & telles autres amours. Car la
vie eſt deſia en icelles & ce qui les conduiroit
à vn eſt trouué en la plus excellente partie : ce
que n'eſt veu ne trouué és plátes, pierres, ne au
bois. Mais aux hommes ſont les villes, cités, Vnion des
choſes.
les amitiés, les maiſons, les aſſemblees, paix en
la guerre, & auſsi les trefues. Il y a telle vnion
entre les choſes plus excellentes voire en diuerſes ſortes comme aux aſtres, tellement que
la montre aux choſes ſuperieures fait vn conſentement, ou harmonie, voire és choſes ſeparees, toutesfois l'obly de mutuelle affection,
deſir & conſentement eſt trouué tant ſeulement en ceux qui ont penſee : & ne peut-on
voir comme telles choſes abondent l'vne à
l'autre. Car combien auſsi que les hommes euitent ceſte conionction ils ſont toutesfoys
prins ſoudainement par icelle, ſcauoir eſt parce que nature eſt de plus grand valeur. Tu
voirras ce que i'ay dit, ſi tu prens garde à l'eſprit. Car tu trouueras plus facilement vne choſe terrienne n'eſtre iointe à vne autre choſe
terrienne, que l'homme eſtre arraché ou ſeparé
des hommes. Dieu, l'homme, & le monde apportent fruit en leurs temps ſi la vigne a ac-
couſt

couſtumé porter ſon fruit, il n'eſt toutesfoys,
commun, au contraire, raiſon apporte ſon
fruit peculier voire commun, & naiſſent, &
viennent d'elle autres choſes. Quelqu'vn pe-
*Matth.18. che il?enſeigne * le mieux : ou autrement ne le
voulant faire, ſouuienne toy que la manſue-
tude, & douceur t'a eſté pource donnee. Mets
peine à fin que tu ne ſois miſerable, & que tu ne
ſouhaite d'obtenir miſericorde, ou louange:
ains dois mettre cela deuãt tes yeux que ce que
tu feras ſoit ſelon la raiſon ciuile. Ie me ſuis ce
iourd'huy garanti de tout peril, & ay mis hors
ce que me ſembloit mal : car il n'y auoit rien de
Experience dehors : mais tout eſtoit en mon opinion. Ex-
& ſon ef-
fect. perience m'a fait * familiers toutes choſes qui
Plat. lib. 9. eſtoyent entre les caduques, elles ſont toutef-
de Republ. foys de lõgue duree, d'vne matiere ſale comme elles eſtoyent en ceux que nous auons en-
ſeueli. Les choſes ſont hors les portes & de ſoy
ne cognoiſſent rien, ne le declarent. Qui les
declare, & prononce donq?raiſon. Le bien, &
le mal de l'homme fait diſtinction de cela, non
par perſuaſion, ains par action. Aucun mal
n'aduient à la pierre iettee en haut, ne auſsi ſi
elle tombe. Regarde diligemment les eſprits de
ceux, & tu voirras quels iuges ils creignent, &
comme ils ſe iugent eux meſmes. Tout giſt en
changement, & toy meſmes auſsi és en varia-
tion, deſguiſement, & corruption voire tout le
monde. Il faut laiſſer le peché d'autruy, tellement qu'il y ait defaut d'action, il y ait vn appetit,

petit, repos d'opinion, la mort & qu'il y ait defaut de mal. Vien maintenant aux aages, à enfance, l'adolescence, ieunesse, & vieilleſſe le changement de tous ceux cy est la mort, y a il aucun mal? Viens maintenant à la vie paſſee, ſouz ton ayeul, ſouz tes pere, & mere tu y trouueras beaucoup de changemens, & de fins. Demande en toy meſme s'il y a mal aucun. En ceſte meſme façon eſt la fin, le repos & le changement de toute ta vie. Conſidere diligemment ta penſee, celle de l'vniuers, & celle de ton prochain. Conſidere (di ie) en premier lieu ta penſee, à fin que tu la faces iuſte. Conſidere la penſee de l'vniuers à fin que tu te ſouuiennes de quelle partie tu es. Penſe, & conſidere la penſee de ton prochain, à fin que tu voyes s'il y a ignorance, ou entendement, & par ce moyen tu cognoiſtras que tu as eſté fait, à fin de remplir le corps ciuil & que toutes tes actions ſoyent faites pour y combler la vie ciuile. Car chacune tienne action n'eſt pas rapportee à la ſocieté humaine comme à vne fin prochaine ou eſloignee. Quant eſt d'icelle, elle repolit, & refaçonne la vie & deſlie auſſi l'vnion, eſmeut les troupes, comme quand le populas, & gens du bas eſtat ſe retirent à part, & ſe mutinent ✶ Va t'en à la qualité de la cauſe, & la côſidere, la ſeparant de la matiere & voy diligemment combien longuement peut durer, & demeurer en ſon eſtre la propre qualité. Tu as beaucoup ſouffert parce que tu n'as eſté côtét de ta penſee

Aages de l'homme.

Penſees côſiderables.

✶Ce qu'aduint à Rome dequoy voy l. 2. D. de origine iuris, & Tite Liue.

fce pour faire ce pourquoy elle a efté faite. Or
c'eft affes. Quand quelqu'vn te reprend , ou te
hait, ou dit detoy telle autre chofe, regarde au
dedans fon ame , & confidere quel il eft, tu
*il faut trouueras qu'il ne faut trauailler ton efprit
prier pour quoy qu'il iuge de toy. Certes tu dois defirer *
les calom- que bien leur foit car il eft ami de nature , &
niateurs & dieu les fournit de raifon. Ce dequoy ils eftri-
perfecu - uent, & debattent eft leur tour, & le cours des
teurs Matt. chofes mondaines , lefquelles, & bas & haut
5. d'vn aage à l'autre coulent , & retournent.
L'entendement s'applique à chacune chofe de
l'vniuers, & s'il eft ainfi, tu dois approuuer ce à
quoy il s'applique. La penfee fait tant feule-
*les cieux ment vne foys effort. * La terre nous couurira
& la terre tous , & muffera, en apres elle fera cãhgee voire
pafferont, les autres chofes. Celuy mefprifera les chofes
mais nõ la mortelles qui cõfiderera le cours & vehemen-
parole de ce des changemens, les mouuemens, & leur vi-
Dieu. fteffe. La caufe de l'vniuers rauit tout ainfi
qu'vn torrent. O combié font proffitables toutes chofes ciuiles. Que faut il faire ? ce que nature requiert. Tache donq à cela s'il t'eft loyfible, & ne te foucie point fi aucun homme
* qu'il a mortel cognoiftra cecy. N'ayes efpoir en la
dreffee aux Republique * de Plato , ains foys content ia-
liures de la çoit qu'elles prennent bien d'auancement, &
Republic. confidere cefte mefme iffue non petite. Quelqu'vn d'iceux change il fa fentence & ordonnance, ou ce qu'il auoit arrefté? Sans le changement de ces chofes qu'eft ce autre chofe
qu'vne

qu'vne seruitude de ceux qui gemissent, & feignent estre certains, & persuadez? Va t'en
maintenant à Alexandre, * à Philippes, Deme-
trius, Phalerius, & dis moy, ceux cy ont ils
cogneu, veu, & sceu ce que la nature commune veut, & commande? se sont ils contenuz
souz la discipline? Que si ceux là se sont mon-
strez,& vantez tragiquement & auec vne hautaine grauité, aucun ne me condemnera à ce
que ie soys contraint à les imiter. L'œuure de
philosophie est simple,& modeste. Il faut considerer d'enhaut infinis troupeaux, les richesses de toutes sortes en tepestes, & beau temps,
ce qu'a esté fait ensemble ce qu'est n'ay auec
cela, & ceux qui sont morts. Considere la vie
de ceux qui ont vescu deuant toy, & de ceux
qui viuront apres, & de ceux qui viuent auiourd'huy auec les barbares, combien il y en a
qui ne sçauent ton nom, ne qui tu es! Plusieurs
t'auront incontinent mis en oubly. Plusieurs
de ceux qui maintenant te louent te blasme-
ront incontinent apres. Considere que la memoire, la louange, & telles autres choses sont
de nul, ou bien petit prix,& importance. Il
faut considerer si tu es vuide de troubles, &
ce és choses qui t'aduiennent de la cause exterieure. Il faut (di ie) considerer iustice és
choses desquelles tu es la cause, c'est à dire,la
vehemence de l'esprit. Il faut aussi considerer l'action ayant pour sa fin la societé humaine. Car celle est conuenable à ta nature. Tu

h   pour

* Voy leurs vies en Plutarche.

Oeuure de philoso-phie.

Considera-bles choses.

pourras oster beaucoup de choses superflues
de celles qui te troublent, toutes lesquelles gisent en ton opinion, & par ce moyen te pourras acquerir beaucoup de largeur, & d'espace.
Conçois, & comprens tout le monde en ton
esprit, & considere diligemment ton aage, ou
ton siecle, en apres pense au viste changement
de chascune chose sçauoir est, que le temps de-
puis ta naissance iusques à ta mort est * bref:
mais celuy qui t'a precedé, & qui te suyura est
infini. Tout ce que tu vois perira vistement,
voire ceux qui voyent la destruction, & la
mort des autres, mourront. Celuy qui meurt
en vieillesse ia estant au bord de sa fosse empor-
tera le mesme que celuy qui meurt en aage non
meur & en ieunesse. Considere quelles sont les
pensees d'iceux, à quelle chose ils s'estudient,
qu'ils ont en honneur, qu'ils aiment. Considere leurs ames nues. Ils pensent nuire en blaf-
mant, ou proffiter en louant. Quelle est leur
opinion ? La perte de la vie, ou la mort naturelle n'est autre chose qu'vn changement. * La
nature de l'vniuers se delecte & resiouit en
iceluy auquel toutes choses sont faites droictement. Considere, combien est pourrie &
corrompue la nature de toutes choses, l'eau,
la pouldre, les osselets, la puanteur, les chemins
frayez, les terres, les marbres, la bourbe, l'or,
l'argent, les cheueux, la robbe, le sang, la poulpre, ou vestement imperial, & toutes les autres
choses de ceste sorte. Y a il asses de vie miserable

*c'est à di-
re (chrestie
nemét par-
lant) il paf-
se de mort
à vie.*

‡ Iob 14. ca:

rable de bruit, & imitation? Pourquoy te
troubles tu? qu'y a il de nouueau * en ces choses? qu'est ce qui t'espouuente? Est ce la forme? regarde la. Est ce la matiere? regarde la.
Il n'y a rien outre ces choses, &, qui plus est, tu
és fait plus simple, & meilleur enuers Dieu.
Epicurus disoit, quand il estoit malade qu'il
ne tenoit propos auec ceux qui le visitoyent,
de la disposition, ou portement de son corps,
mais que sans cesse il disputoit les causes des
choses naturelles precedentes, & qu'estant ententif à cela, sa pensee estoit vuide de troubles,
veu qu'elle ne prenoit, ou ne sentoit aucune
partie des mouuemens du corps petit: & partant n'auoit appellé medecin, ne prins medecine: & qu'il estoit en bonne disposition.
Quant à toy (s'il aduient que tu sois malade)
prens garde à ce qu'Epicurus pouuoit en sa
maladie. Car c'est de commun à toutes sectes
ne soy despartir de philosophie pour quelques
affaires suruenans, & de ne mentir auec vn
homme de petite estime: ainsi aussi en toute
action faut il s'employer à ce qu'est mis auant,
& à l'instrument duquel nous nous seruons.
Si tu es offensé par l'impudence, ou effronte-
ment de quelqu'vn, enquiers toy à scauoir
mon, s'il n'est possible qu'au monde n'aye d'effrontez. Or cela ne peut estre. Ne demande
donq ce que ne peut estre fait: autrement tu
serois du nombre des effrontez qu'il faut qui
soyent au monde. Il te faut ainsi semblable-

*Il n'est
(dit Salo-
mon) rien
de nouueau

Remede
aux mala-
des.

ment penfer de l'homme fin, & caut, infidele
& de tout autre vitieux. Car fi tu te recorde
qu'il eſt neceſſaire telle ſorte d'hommes eſtre
ſeuls, tu te monſtreras plus equitable. Il eſt auſſi beſoin conſiderer quelle vertu a nature donné à l'homme contre tel vice. Elle donne le

Remede co͂ tre ingratitude. remede, c'eſt d'eſtre doux contre l'ingrat, & ſelon la maladie, elle baille la medecine. Il t'eſt
totalement loyſible reduire au chemin celuy

Pecheur eſt deſuoyé. qui ſe foruoye. Car l'homme peche d'autant
qu'il eſt deſuoyé de ſon but. Finalement quel
mal ou dommage as tu receu d'illec? Car tu
ne trouueras aucun de ceux, contre leſquels
tu te courrouces, t'auoir tellement offensé ou
endommagé que ta penſee en ſoit à l'aduenir
empiree. Et (qui plus eſt) tout giſoit en ce
que mal t'aduint, ou dommage. Quel mal, ou
nouueau aduient, ſi vn homme indocte fait à
ſa mode? Prens garde que tu ne ſoys plus toſt
reprehenſible, d'autant que tu n'as peu auant
cognoiſtre, ne t'apperceuoir que tel homme
pecheroit en ceſte ſorte. Car il t'a baillé l'oc-

*Car (dit la reigle de droit) l'ho͂me mauuais eſt touſiours tel preſumé. caſion de penſee qui pecheroit ainſi. * Si tu te
courrouce contre quelqu'vn, parce qu'il t'a
rompu ſa foy, ou t'a eſté ingrat, reuiens à toy.
Car toy meſmes as failli: parce que tu as eſtimé qu'il tiendroit ſa foy. Ou ſi tu as fait quelque plaiſir à quelqu'vn, & n'as eſté content de
ce que tu as ordonné & n'as pensé d'en auoir
recompenſe. Car que requiers tu, quand tu as
fait plaiſir à quelqu'vn? Il ne te ſuffit d'auoir
choſe

chose conuenante * à ta nature, ains en demande salaire : tout ainsi que si l'œil demande salaire de ce qu'il a veu, ou esclairé aux membres : ou le pied de ce qu'il a cheminé pour les autres membres. Car tout ainsi que ces choses ont esté faites à quelque fin de sorte que si elles ont fait selon leur constitution & nature, nous sçauons qu'elles sont paruenues à leur but & fin, ainsi aussi l'homme * n'ay pour faire plaisir, s'il le fait, ou fait quelque chose au profit de la société humaine, il a fait ce à cause dequoy il a esté fait, & a obtenu ce que luy appartient.

*qu'est de faire bien aux hômes.

*L.seruus ea lege D. de ser. ex port.

LIVRE X.

TV seras quelquefoys (ô mon ame) bonne, simple sans fraude, seule, nue, & plus resplendissante que le corps qui t'enuironne. Car tu gousteras l'effect d'amour, tu seras abondante, & riche n'ayant defaut d'aucune chose ayant ame, ou non pour iouïr des voluptés, tu ne requerras temps pour en iouïr plus longuement, tu ne souhaiteras lieu, ne region, ne commodité de l'air, ne la conuenance, ou accord ne assemblee des hommes, ains seras contente de ton estat, tu t'esiouïras de ce qu'auras en main, tu seras certaine, tu auras tout, tout ton affaire ira bien. Dieu te baillera tout, tu approuueras, & trouueras

h 3 bon

bon ce qu'il approuue. Ce qu'il donnera pour
le parfait ſalut de l'homme eſt bon, iuſte, &
honneſte. C'eſt le Dieu, qui engendre, con-
tiét, & embraſſe tout. Tu ſeras quelquefois telle que tu viuras à Dieu, & ne ſeras condamnee
par les hommes. Prens donq garde à ce que ta
nature requiert: veu que tu es gouuerné par

c'eſt à di- nature tant ſeulement. * En ſecond lieu il faut
re, Dieu. prendre garde à ce que requiert la nature ani-
male qui giſt en toy, & faut laiſſer tout cela, ſinon que tu en fuſſe empiree. Tu ne ſeras aucune choſe ſuperflue en te ſeruant de ces re-
gles. Tout ce que t'aduient ou il t'aduient à ce
que tu ſois eſiouï, ou triſte. S'il t'aduient en
ſorte que tu le puiſſe endurer, & porter, n'en
ſois marri, ains fais comme nature t'a enſeigné,
ſi autrement, ne te corrouce pas. Au contrai-

Errant re ayes ſouuenance que telle eſt ta nature que
dreſſé. tu endure tout. Il eſt en ta puiſſance de iuger
ſi cela eſt ſupportable, ou non, ou ſi cela t'eſt
proffitable, ou conuenable. Si quelqu'vn erre,

*Matth.18. il faut que tu l'enſeigne * gratieuſement, &
luy monſtrer ce à quoy il ne s'eſt prins garde.
Si tu ne le ſcais, accuſe toy meſme, & non luy.
Tout ce que t'aduient t'a eſté deſtiné, & or-

*Tu n'es donné de toute eternité.
pas digne
d'auoir le Quand tu auras prins ces noms, bon, mo-
nom, ſi tu deſte, veritable, cognoiſſant, bien entendu,
n'as ce qu'il
ſignifie L prudent, d'vn haut eſprit, donne toy garde que
defenſores. tu ne les perde point, ou que tu ne les change
C. de deſen.
ciuit. à d'autres. * Souuienne toy que par ce mot,
　　　　　　　　　　　　　　　　　　　　cognoiſ

côgnoissant, est denotee la science de comprendre la science de chascune chose, & celuy, qui n'est occupé en estranges cogitations. Par ce nom, de prudent, est entendue la volontaire approbation des choses que nature commune a baillé. Par ce mot, haut esprit, est signifié l'effort, & sublimité qui est dessus les doux, & durs mouuemens de la chair, par dessus la louange, la mort, & autres choses. Si donques tu te monstre digne de tels noms, desirant que tu sois ainsi appellé des autres, tu seras autre, & entreras en autre voye. Car c'est le fait d'vn lourdaut, & sot d'estre tel que tu as esté. C'est (di ie) le fait d'vn homme qui aime sa vie & qui en combatant contre les bestes sauuages est à demi mangé: car il est plein de playes, & de pourriture & toutesfoys on l'enhorte qu'il soit gardé pour le lendemain pour combatre contre les mesmes dents, & ongles. Approprie dong & t'adapte ces petits noms, & (si tu peux) entretiens les, & les garde: tout ainsi comme si tu estois allé aux isles fortunees. Et si tu ne le peux faire, retire toy à part en quelque anglet: là ou tu puisse estre victorieux: ou te despars totalément de ta vie non courroucé, ains d'vn simple, & franc courage, & modeste: veu, qu'en ta vie tu as seulement fait cela à fin de t'en despartir. Or à celle fin que tu retienne la memoire de ces noms, tu n'auras petit secours, si tu as souuenance de Dieu, & qu'il ne veut qu'on le flatte, ains veut

(marginal note) Prudent.

(marginal note) Esprit haut.

h 4   que

que les hommes luy ressemblent. Le figuier, le
chien, la mouche à miel, font ce qu'ils doiuent
faire : ainsi aussi faut il que l'homme face ce
qu'il doit faire en son endroit. Le basteleur, la
guerre, l'effroy, la frayeur, l'estonnement, la
seruitude t'effaceront, chasque iour tes sacrees
ordonnances lesquelles tu as puisé dans la fontaine de la contemplation de la nature des
choses, & que tu la publie. Or faut il tellemét
voir, & faire toutes choses que l'on satisface
ensemblement aux circonstances, & que la co-
Contempla-gnoissance soit tournee en action, & que l'on
tion doit e-garde la constáce de l'esprit prinse de la scien-
stre tourneece des choses. Quand prendras tu le fruit de
en action.simplicité ? de la grauité, de la cognoissance de
chascune chose ? sçauoir est, quelle est leur nature, quel lieu elles ont au monde, combien
longue est leur duree, dequoy elles sont faites,
qui la peut posseder, dóner, ou oster. L'araigne
ayát prins vne mousche s'esiouir, l'homme s'es-
iouit d'auoir prins vn lieure, ou vn petit poisson, ou vn pourceau, ou vn ours, ou les Sarma-
tes, tous ceux cy ne sont ils pas pillars ? Si tu
examines les opiniós par quel moyen, & façon
vne chose est transmuee en vne autre tu appre-
steras vne voye, & moyen de contemplation.
Prens sans cesse garde, & t'accoustume, &
duits à ceste partie : car il n'est rien qui face
ton esprit plus grand. Despouille ton corps,
Iustice doit& tu entendras qu'en te despartant des hom-
estre gar-mes, tu laisseras toutes ces choses. Addonne
dé:.   toy

toy du tout à garder iustice en toutes tes a-
ctions : fie toy à nature au reste de ce qu'aduiendra. Et ne mets en cœur ne pensee quoy
que les autres dient, ou facent contre toy. Sois
content de ces deux choses que tu faces iustement, & que tu prenne en bonne part ce qu'aduient. Laisse toutes autres occupations, & estudes moyennāt que tu soyes entẽtif à ceste cy,
que tu chemine droitement selon la loy en en-
suyuant tousiours Dieu. Il appert clairement
par cecy quel est l'vsage pour deliberer & prendre aduis sur les choses suspectes. S'il faut faire
quelque chose & tu vois qu'elle soit pour le
profit, il y faut proceder constamment. Et si tu
ne l'entens, il faut inhiber l'action, & vser de
bon conseil. Que si autres choses diuerses à
ceste cy viennent au deuant il y faut proceder
selon les presentes occasions ayant l'esprit
entẽtif à ce que te semblera iuste : car
c'est vne chose tresbonne de toucher ce but.
Celuy qui suit la conduite de raison est en repos, ioyeux, & constant. Quand tu te seras es-
ueillé demande à toy mesme, si tu as quelque
profit, quand les choses sont iustes, & vont
bien, quand elles gisent en la puissance d'autruy. Tu n'en as que faire. As tu mis en obli
ceux qui se ventent par les paroles, & louanges
d'autruy ? quels ils sont au lit, à la table ? qu'ils
font, qu'ils fuyent, ou euitent qu'ils ensuyuent,
qu'ils desrobent, qu'ils rauissent non pas des
mains, ne des pieds, de leur plus pretieuse par-

h 5   tie

Contente-
ment à l'hõ-
me.

Delibera-
tion de ce
qu'on doit
faire.

Effects de
raison.

tie qu'on peut acquerir , si l'on veut , qu'est la
foy , modestie, verité , & la loy. Celuy qui est
bien instruit , & modeste dit à nature qui donne, & reçoit tout. Donne moy ce que tu voudras, oste moy ce que tu voudras. L'audacieux
ne dit pas cela. Il reste vne petite partie de la
vie. Il te faut viure comme en vne môtagne: il
n'y a pas difference fois icy, ou la: moyennant
que tu és au monde comme en vne ville. Que
les hommes voyent , & cherchent vn homme
viuant selon nature: s'ils ne le peuuent sup-
porter qu'ils le tuent. *Car cecy vaut mieux
que viure en ceste sorte. Il ne faut pas maintenant disputer quel est l'homme , mais se faut
donner garde s'il est bon. Incontinent apres
mets deuant tes yeux ton aage , & la nature
vniuerselle. Ce que la nature de l'vniuers produit, & porte profit à chacun au temps qu'elle
le porte. La terre demande la pluye. L'air rem-
ply de nues requiert de tomber en terre: ainsi
aussi le monde requiert de faire ce que se fait.
Ie di au monde, que ie m'accorde auec luy , &
partant ce que le monde veut ainsi estre fait,
est fait, & dit. Ou tu vis icy , & t'accoustume
icy, ou tu t'en vas en autre lieu. Et tu as voulu
cecy. Ou tu meurs ayant fait ce que tu deuois
faire. Il n'y a rien outre cecy. Tu n'as pas dong
peur ? Qu'est ce que ma pensee ? dequoy m'en
sers ie maintenant ? y a il chose vuide de pensee ? y a il quelque chose qui soit separee de la
communion, ou que soit iointe, & affichee.

* Entés des
malfai-
cteurs , &
par iustice,
selon la loy
car c'est la
façô de par
ler des an-
ciens.

la

la chair à fin que cela soit ensemblement changé? Celuy qui s'enfuir de son maistre est fugitif. La loy est maistresse *celuy donq qui
fait contre la loy est fugitif. Quelqu'vn reçoit ire, courroux, ou crainte à cause de quelque chose qu'a esté faite, ou que l'on fait, ou
que l'on fera selon la volonté de celuy qui
gouuerne l'vniuers. Cestuy est la loy qui baille
à chascun ce que luy appartient. Celuy donq
qui craint, qui a douleur, ou se courrouce en
ceste sorte, est fugitif. L'homme ayant laissé la
semence à la femme s'en va, & succedant, &
estant en sa place vne autre cause fait, & œuure, & accomplit. Il se faut prendre garde dequoy vne chose est faite. Dauantage la viande
est mise au ventre par le gousier, en apres succedant vne autre cause fait le sens, l'appetit, la
vie, la force, & autres choses. Parquoy les choses qui sont faites si secretement, sont à considerer. Faut aussi considerer le pouuoir, & fa-
culté que nous voyons & ce qui s'encline en
bas, & se tourne en haut, ce que nous ne pouuons voir des yeux corporels : mais neantmoins ce n'est moins euident. Il faut continuellement considerer en quelle maniere toutes ces choses sont, quelles elles sont, ou seront
& faut mettre deuant les yeux toutes les fables
& leurs eschafauxen figure, & forme lesquelles
tu as veu par experience, & cogneu par ancienne histoire comme la sale d'Hadrian, d'Antonin, de Philippes, & de Cresus. Imagine en
ton

* l. 2. D. de
legib.

Dieu est
loy.

Fugitif.

ton efprit tant feulement celuy qui eft marri
& courroucé de quelque chofe eftre femblable

Offenfé que
doit faire. au porcellet qu'ón affomme, & qui gronde. Il
eft aufsi femblable à celuy qui eftant feuler en
fon lit fe pleint de noftre liaifon, & de ce
qu'eft feulement donné à l'homme à fin qu'il
obeïffe à ce qu'aduient. Or eft il neceffaire à
tous l'enfuiure.En tous affaires tu dois demander à toy mefme fi la mort eft mauuaife d'autât
qu'elle te defpouille. Quand tu feras offenfé
par le peché ou forfait d'autruy, retourne à
toy, & penfe en quelle femblable chofe tu pe-
ches, que d'autant que tu eftimes l'or, l'argent,
la volupté eftre biens.La mort abolira le courroux par obli.Ioint qu'il faut que tu fache qu'il
peche maugré luy. Que dirois tu s'il le faifoit
par contrainte.Quand tu vois Satyrion, imagine en ton efprit de voir Socrates. Quand tu
vois Entyches, imagine de voir Hymenee, &
ayant veu Xenophon, imagine d'auoir veu
Crito,ou Seuere. Reduis en ton efprit ce mot,
ou ceux la,que font il deuenus?Tu verras toufiours les chofes humaines eftre fumee. Quât eft
de toy en quel temps és tu ? ou comme ne te
fuffit il paffer honneftement ce temps bref?
Quelle matiere, ou fubiect fuis tu ? Toutes ces
chofes que font elles autre chofe qu'vn exercice de raifon, laquelle regarde diligément la
nature des chofes qui nous viennét au deuant.
Endure donq iufques à tant que tu t'auras rendu les chofes familieres. Tout ainfi que l'efto-
mach

mach qui eſt bien ſain rend à ſoy toutes choſes
familiaires & aggreables,& bonnes.Le feu auſſi reſplendiſſant fait flamme,& lueur de tout ce
que tu luy iette au dedãs. Qu'il ne ſoit loyſible
a aucun veritablemēt dire de toy q̃ tu n'es bon
ne ſimple mais qu'il mente, quelque opinion
qu'il ait de toy. Or tout cela giſt en toy, & eſt
en ton pouuoir. Car qui eſt celuy qui te garde   Effeƈt de
raiſon.
d'eſtre ſans dol, & que tu ne ſoys bon,moyen-
nant que tu tienne ta ſentence ferme, que tu
ne vis ſinon que tu ſoys tel : car raiſon ne ſouffrira que tu ſoys autre que tel,c'eſt à dire, que
tu ſois bon, & ſimple. Conſidere ce que peut
eſtre bien dit, & fait en quelconque matiere
miſe auant.Il t'eſt loyſible(ſans qu'aucun t'empeſche) dire, ou faire tout ce que ſera. Et ne te
couure diſant qu'on te fait empeſchement : &
ne laiſſe ta ſolicitude iuſques à tant que tu ſoys
diſpoſé tellement que ce qu'eſt delices, & paſ-
ſetemps aux voluptueux, cela te ſoit action
conuenable à l'humaine conſtitution & ce en
la matiere miſe auant. Car il faut tenir pour
volupté tout ce que t'eſt loyſible faire ſelon
nature. Or cela t'eſt par tout loyſible. Le cy-
lindre rond ploutroër, ne ſe peut rouler de ſoy
meſmes, non plus que le feu ou l'eau de ſoy
porter par tout. Car beaucoup de choſes les
empeſchent & ſurprennent:Mais la penſee, ou
raiſon peut paſſer outre ſelon ſa nature, & volonté ores qu'on leur reſiſte. Or ayant ce pouuoir deuant les yeux,c'eſt à dire, que la penſee
peut

peut estre portee par tout ainsi que le feu en
haut, la pierre en bas, ne demande autre chose.
Quand est des autres empeschemens, ou ils
sont du corps mort, ou outre l'opinion & n'of-
fensent, & n'abbaissent point la pensee; & ne
luy font aucun mal. Autrement s'ensuyuroit
que celuy qui seroit empesché, seroit incontinent deuenu mauuais. Car toutes les autres
choses ont ainsi esté ordonnees, que si quelque
mal leur aduient, elles sont empirees: mais en
la pensee(s'il le faut entierement dire)l'homme
est fait meilleur & est digne de plus grand
louange s'il se scait bien seruir de ce que luy
vient au deuant. Or faut il auoir en memoire,
qu'à celuy, qui est citoyen de nature, rien ne
luy peut nuire, qui ne nuise à la cité. Mais
quoy? rien ne nuit à la cité, qui ne nuise à la
loy. Ce qu'on appelle malheur, ou dommage
ne nuit à la loy, ne cosequemment à la cité ne
au citoyen. Peu de chose suffira qui a les vrays
enseignemens, quel est cestuy.

L'homme
mortel sem
blable à la
fueille des
arbres.

Le vent abbat & esternit par terre.
Feuilles: ainsi est il du genre humain
Que triste mort de son dard inhumain,
Trebucher fait par maladie ou guerre,
Et autrement.

Tes enfans sont comme les feuilles & les
hommes aussi qui escrient, & louent tellement
qu'il semble qu'ils meritent d'estre creuz, ou au
contraire ils maudissent, ou reprennent couuertement, & se moquent. Semblables aussi
aux

aux feuilles sont ceux qui receuront la renommee de leur posterité. Car les feuilles nais-
sent au printemps en apres le vent les met bas,
& la forets en produit d'autres en la place des
cheutes. La brefueté du temps est commune à
tous. Or tu fais, ou desire toutes choses comme
si elles estoyent eternelles, combien qu'en bref
tu mourras voire celuy qui te portera ense-
uelir, & celuy qui menera deüil de toy. L'œil
sain peut voir tout ce qui est visible, non les
choses verdes seulement comme font ceux qui
ont mal aux yeux. Le semblable peut on iuger
de celuy qui est sain de l'oüie, & du flairement.
L'on peut perceuoir promptement toutes choses sensibles. L'estomach est prest à receuoir
toute nourriture ainsi qu'vne meule est preste
à moudre le grain. Parquoy la pensee saine doit
estre preste à tout ce que luy vient au deuant.
Mais celuy qui a tant seulement soing que ses
enfans soyent en sauueté, est semblable à l'œil
qui ne veut que voir choses verdes, & à la dent
qui ne veut que choses tendres. Il n'est aucun si
heureux qu'il n'y en ait apres qu'il sera mort
qui diront, il estoit bon & sage. N'y aura il aucun qui ne die à part soy, Ie seray quelquefoys
relasché de ce pedagogue. Il n'estoit ennuyeux
à aucun de nous, mais i'ay apperceu qu'il nous
mesprisoit à cachetes. L'on dira cecy d'vn
hõme de bien. Nous auons beaucoup d'autres
choses à cause desquelles plusieurs desireront
d'estre deliurez de nous. Si en mourant tu pen-

ses

Mort facile

fes à cecy ton defpart fera plus facile penfant
que tu t'en vas de cefte vie de laquelle ceux qui
en font participans, voudront que ie m'en def-
parte efperans à l'auanture d'auoir allegement
par mort, combien que pour l'amour d'eux,
i'aye fouffert plufieurs batailles, & affaux & q̃
i'aye prié pour eux, & en ay eu foing. Qu'y a il
pourquoy tu vueilles icy longuement demeurer? Defpars neantmoins d'auec eux en bonne
grace, & benignement, gardant ta façon de
faire eftant leur ami, bien vueillant, propice, &
paifible, te defpartant non comme raui, ains
comme celuy qui meurt bien, l'ame fe fepa-
rant facilement de fon corps. Et en ce moyen
fe faut il defpartir de ceux que nature nous a
adaptez & entremeflés. Ie me fepare & me retire l'on d'entre mes familiers & amis, & fi ne
contredi point, ne ne fouffre force. Et cefte eft
l'vne des chofes qui font faites felõ nature. Accouftume toy à ce qu'en toutes chofes tu t'enquiere en toy mefmes. A quoy fe raporte cecy?
Cõmence à toy mefmes, & l'examine. Souuienne toy que la puiffance motiue eft cachee au
dedans. Ceftecy eft la faconde, & bonne grace
de bien parler, ceftecy eft la vie, c'eft à dire
l'homme, s'il faut ainfi parler. Iamais ne penfe
en ton efprit les vaiffeaux enuironnans, & ces
inftrumens que tu as façonnez. Car ils font
femblables, à la douloire differens en ce qu'ils
font n'ays enfemble. Autrement ce feroit fans
caufe? laquelle les meut, & contient & ne por-
                                               tent

tent pas plus grand proffit que le rouleau à la tisserande, la plume à l'escriuain, le fouet au charretier.

LIVRE XI.

Es choses cy sont propres à l'hó- me il se void soymesm il dispo- se de soy: il se fait tel qu'il veut il reçoit les fruits qu'il produit: (car quant est des plantes, & be- stes, elles les portent pour les autres) il obtient sa fin, & but, quelcóque soit le terme de sa vie, non pas ainsi que l'on fait és salutations des Empereurs ou és ieux de Comedies, & és cho- ses de telle sorte: esquels si l'on offense quel- qu'vn toute la Comedie est de nul effect: mais quant à l'esprit en quelque part qu'il soit sur- prins, il rend entierement parfaite la chose si qu'elle n'a besoing d'vn autre qu'on pourroit dire qu'il a le sien. Outre ce il comprend tout le monde, il contemple l'air l'enuironnant, sa figure, l'infinité des aages, & renouuellement des choses vniuerselles, iceluy composé des conuersions des choses, par là il cognoit qu'il n'aduiendra rien de nouueau * à la posterité: ne ceux qui nous ont precedé n'ont pas veu plus que nous. Celuy qui a quarante ans, s'il se sert de sa pensee, void les choses passees, & futures és choses de mesme forme. Ces choses aussi sont propres, & peculieres à l'homme,

* Il n'est rié de nouueau souz le ciel, dit Salomó és Prou.13.

i   L'am

L'amour du prochain, verité, modeſtie qu'il
n'eſtime plus excellent qu'elle: ce qu'elle a de
cõmun auec la loy, tellemét qu'il n'y a aucune
L'homme difference entre la droite raiſon (c'eſt à dire la
qu'a ll de loy) & la raiſon de iuſtice. Tu meſpriſeras vne
propre. châſon ioyeuſe, vne Carrole, vn bal, la luitte. Si
tu diuiſe vne voix doucemét ſonnante en ſons
ſeparez & que tu t'enquiere de chaſcun à part,
ſouffriras tu eſtre vaincu? certainement tu en
ſerois deshonnoré. Il te faut entendre le ſemblable. Finalement ſouuienne toy qu'en toutes choſes que ne ſont pas vertu, ne naiſſans de
vertu tu ayes regard à leurs parties, & les meſ-
priſer par diuiſion ce qu'il faut rapporter à
l'vſage de la vie. Quelle eſt l'ame qui eſt preſte, ſi maintenant faut qu'elle ſoit ſaparee du
corps.

PARDOVX DV PRAT
AV LECTEVR CHRE-
STIEN.

*Il viuoit PArce qu'en c'eſt endroit noſtre Em-
en l'an de pereur philoſophe c'eſt eſloigné du
la natiuité Chriſtianiſme voulant perſuader qu'il
de noſtre ne faut prendre la mort ſimplement,
ſauueur Ie- ne volontairement, comme faiſoyent
ſus 161. (diſoit il) les chreſtiens * ie t'ay bien
voulu aduertir (amy lecteur) que no-
                                          ſtre

ftre fauueur IESVS CHRIST, c'eft
offert volontairement à la mort pour
noz pechés : ce qu'auffi auoit efté pro-
phetisé. Ce qu'ont auffi treſuolontiers
fait les chreftiens en la primitiue Egli-
fe, ce que noftre aucteur monftre, & ce
pour l'efpoir du Royaume de Dieu
eternel. Or reuenons à noftre aucteur.

Ay ie fait quelque chofe qui proffite à la focieté humaine, i'en ay donq receu vtilité, que
cela foit touſiours deuant tes yeux, & ne te defaille. Quel art as tu? c'eft d'eftre bon. Par
quel moyen eft fait cela? comme le faut il acquerir? Si ie contemple en partie la nature de
l'vniuers, en partie pour la proportion, ou facture de l'homme. L'on prononçoit iadis, Tragedies à fin d'aduiſer le peuple de ce qu'adue-
noit, & que telle eftoit la nature des chofes tellement qu'il falloit que cela aduint ainfi. Or
maintenant ce que vous eſiouit és Comedies
Pourquoy ne vous offenſe il au plus grand
theatre de la vie humaine? Il te ſemble que
ces chofes doiuent eftre accomplies, & ceux
qui ſe font efcriez ont apporté telles chofes.
Ce meſme a fait Cithoron. Les Poëtes dient
quelque chofe proffitable, quelle eft ceſte cy.

C'eft à tresbon droit,
Que ſuis odieux

Bon côme
eft fait l'hô-
me.

Et mes fils aux dieux:
Voire en maint endroit.

   En outre.

Ce n'est pas raison,
N'expedient aussi
Nous courroucer ainsi
Et toute saison:
Contre toutes choses
En ce val encloses.

   En outre.

Le but & fin de la vie presente,
Fort semblable est, à l'espi fructueux
Qu'en aisté meur, à l'homme se presente.

Et telles autres telles sentences poëtiques.

Horace en l'art poëd-que. Aprés la Tragedie est suruenuë * la vieille Comedie ayant la liberté adaptee à la discipli-ne & laquelle nous admoneste (non sans grand fruit) de ne nous esleuer par arrogáce. Dioge-nes a mis en vsage le semblable à icelle. Apres *Comedies & leur vsa-ge.* cestes cy l'on a vsé des Comedies moyennes. Finalemét l'on a prins les nouuelles, non pour autre fin sinon pour l'estude, & desir de mon-strer l'art d'imiter & contrefaire. Car l'on scait asses qu'elles peuuent dire quelques choses bonnes & proffitables. Mais à quelle fin, & but regarde toute l'intention de ceste poësie, des fables, & escrits? Par quel moyen est il euident qu'il n'est autre exemplaire de la vie plus commode que celuy que tu as mainte-nant? Le rameau ne peut estre coupé du ra-meau prochain, qu'il ne soit coupé & separé

        de tout

de tout l'arbre ainſi l'homme ſeparé de quel-
qu'vn eſt ſeparé de toute la troupe. L'homme L'homme quand ſepa re de ſon p̃. chain.
ſe ſepare ſoymeſmes de ſon prochain, quand il
le hait ou ſe deſtourne de luy par deſdaing, & ce
pendant il ne cognoit pas qu'il abandonne
toute la ſocieté ciuile par meſme moyen. Mais
par la grace de Dieu, nous auons ce don que
nous pouuons eſtre derechef ioints à noſtre
prochain. Tout ainſi que ceux qui t'empeſchent en bien faiſant, ne te peuuent deſtour-
ner de droite action, ainſi ne te peunét ils garder que tu ne deſires que bien leur ſoit. Monſtre toy touſiours vn meſme en tout endroit
tellement que non ſeulement en iugeant & L'homme iuge & quel.
bien faiſant tu te monſtre conſtant mais auſſi
enuers ceux qui te prohibent, ou corroucent
te faut monſtrer doux. Ce n'eſt pas moindre
infirmité ſe courroucer contre eux que ſe deſpartir de l'action, & perdre courage eſtant
eſtonné. L'vn & l'autre eſt l'affaire de celuy
qui laiſſe & rompt ſon rang, ce que l'on fait
pour la peur qu'on a, ou pour l'haine qu'on
porte à ſon parent de nature. Nature n'eſt pas
inferieure à l'art parce que les arts inuitent
* nature. Donq (s'il eſt ainſi) certes la nature *ſ. minoré, Inſtinct. de adoptio.
de toutes choſes eſt treſparfaite les compre-
nant en ſoy toutes, & partant iamais ne ſera
vaincue par cautele, ou fineſſe. Certainement
tous les arts font toutes choſes viles & de peu
d'eſtime pour les plus excellentes, & par con-
ſequent la nature commune. Ceſtuy eſt l'ori- Iuſtice & ſon origine

gine de iuſtice : de ceſte cy toutes les autres
vertus dependent. Car iuſtice ne pourra auoir
ſon eſtre ſi nous n'eſtimons plus les choſes de
leur nature & bonnes & mauuaiſes , ou nous
ſerons trop mal aduiſez , & plus ſubiets à erreur. Les choſes ne viennent par la fuite , ou
appetit deſquelles tu és troublé , ains tu vas aucunement à elles. Que le iugement donq d'i-
celles ſoit en repos, & elles le ſeröt, & tu ne les
ſuyuras , ne n'euiteras. L'eſprit eſt ſemblable
au globe , & à la figure bien proportionnee
par ce qu'il ne s'en va plus outre , ne auant, ne
ne ſe retire , ains reſplendit par lumiere par laquelle il voit la verité en toutes choſes , & ſe

Meſpriſé
que doit fai
re.
voit en ſoy meſmes. Suis ie meſpriſé par quelqu'vn, ie m'en rapporte à luy. Quant à moy
ie mettray peine de ne faire, ne dire choſe di-

Haï doit ai
mer.
gne de meſpris. Quelqu'vn m'a il en haine ? ie
m'en rapporte auſsi à luy. Quant à moy ie ſuis
paiſible , & bien veuillant à tous. Partant ie

*Pſal.51.
ſuis prompt à monſtrer * aux autres leurs er-
reurs , & fautes non que ie le face pour leur en
faire reproche , ou que ie me vante de ma patience : ains le fais franchement, & pour bien.
Il faut que les choſes ſoyét bié diſpoſees au dedans , & que Dieu regarde l'homme n'eſtant
marri d'aucune choſe , & ne ſe pleignant. Car
quel mal m'aduient ſi quelque autre fait choſe
qui ſoit commode à ta nature ? Ne prendras

L'homme
à quoy de-
ſtiné.
tu ce qu'eſt maintenant commode , & conuenable à ta nature ? veu que l'homme ſoit deſtiné à ce

né à ce qu'il face plaisir à l'vtilité commune.
Ceux qui s'entremoquent, s'entracquierent
bonne grace par plaisirs, & bienfaits, & ceux
qui mutuéllemét estriuent à cause d'vne principauté s'entreaccordent! O combien puant,
& faux est celuy qui dit i'ay deliberé d'auoir à
faire à toy simpliment! Que fais tu? il n'est
besoin auant parler de c'est œuure. La chose
le declare elle mesmes. La parole doit estre
escrite au front, & signifiee par les yeux. Tout
ainsi que les amoureux cognoissent incontinent au regard ce que leurs amoureuses veulent dire. Vn homme de bien doit auoir quelque chose semblable à celuy qui sent * le bouquin en sorte que s'il est pres de luy vueille, il
ou non il s'apperceura de sa simplicité. La mó-
stre ou vantance de simplicité c'est vne trahison, & surprinse couuerte. Et n'est chose plus
deshonneste qu'vn parler, & hantement des-
loyal, & cauteleux. Euite cela sur tout. L'homme bon, & doux a tout aux yeux, c'est à dire,
est ouuert & a tout euident, & ne cache rien.
Le pouuoir de tresbien viure gist en ton esprit,
c'est à scauoir, que tu ne face difference entre
les choses bonnes, & mauuaises. Cela se fera si
tu contemple separeemét chascune d'icelles à
cause du tout, te souuenát qu'aucune d'icelles
ne peut de soy esmouuoir vne opinion ne mesmes venir à nous, ains demeurent tout quoy
ains ce sommes nous qui faisons riere nous iugement d'icelles, comme si nous les vinssions à

i 4　　peind

* Xenophō
dit en son
báquet qu:
nous sen-
tions bōté.
Trahison
couuerte.

peindre en noz cerueaux veu qu'il nous eſt
loyſible ne les peindre, ou ſi nous auions receu cela l'effacer tout incontinent. En peu de
temps c'eſt attention, & ſoin : en apres ſera la
fin de la vie. Qu'eſt ce qu'empéche que l'affaire ne voiſe bien ? & ne ſoit bien diſpoſé ? Si
cela eſt ſelon nature, eſiouïs toy : & le tout ſera facile : mais ſi c'eſt contre nature, requiers
que ce ſoit ſelon nature, & taſche à cela ores
que tu n'en ayes louange. Car il faut pardonner à celuy qui cherche ſon bien, & ſon mieux.

Source des
choſes con-
ſiderable.

Prens garde à la ſource des choſes & dequoy
elles ſont faites, en quoy elles ſeront changees,
& qu'elles ſeront cy apres & lors n'aduiendra

L'homme
pourquoy
n'ay.

aucun mal. 1. Le premier point eſt d'auoir regard à iceux. Nous ſommes n'ays l'vn pour
l'amour de l'autre. Ie ſuis auſſi n'ay pour autre
raiſon c'eſt que ie ſois chef comme le mouton,
ou toureau, és troupeaux cherchons la choſe
plus loin. Si le monde n'eſt compoſé de choſes indiuiſes, certes la nature le gouuerne. Si
cela luy eſt octroyé les choſes pires ſont faites
pour l'amour des plus excellentes & ceſte cy
l'vne pour l'autre. 2. Secondement il faut
conſiderer qu'els ſont ceux la à la table, au lict,
& és autres lieux, & auec quelle arrogance ils
font leurs affaires. 3. Le troiſiéme point eſt,
s'ils font droitement & bien leurs affaires, ils
n'en faut pas eſtre marri. S'ils les font autrement, ils faillent non de leur bon gré, ains par
ignorance. Car toute ame eſt maugré elle pri-
uee

uee non seulement de la verité, mais aussi parce qu'elle ne peut viure comme il appartient.
Parquoy ils sont tormetez de douleur s'ils sont
appellez iniustes, ingrats, auares, & totalement
iniurieux enuers les autres. 4. Toy mesme
faux, & peche, & és semblable à eux. Et cõbien
que tu t'abstienne d'aucuns vices, si est-ce que
tu és disposé à peché, ou pour crainte, ou pour
en receuoir louáge: ou tu t'abstiens de vice sem
blable à cause d'vn autre mal. 5. Le cinqiesme
est. Tu ne sçais pas asses s'ils faillent, car il y a
certaines choses qui sõt faites par ordre. Or
faut il auoir l'experiéce de plusieurs choses deuant que de deliberer. & arrester le certain des
faits d'autruy. 6. Le sixiesme est, qu'il faut prin
cipalement q̃ tu te courrouce si est ce que la vie
des hõmes est bréue & que nous mourrõs tous. **Mourir est**
7. Le septiesme, que leurs actions ne nous en- **commun à**
nuyent veu qu'elles gisent en leurs esprits, ains **tous.**
au cõtraire les nostres sont fâcheuses. Parquoy
oste la volonté de iuger d'vne chose tout aussi
tost que tu auras osté courroux. Voire, mais
(diras tu) par quel moyē l'osteray ie? Si tu considere que la chose n'est deshonneste. Car si la
seule turpitude estoit mauuaise toy mesme aussi faillirois necessairement en plusieurs sortes
& deuiendrois brigand & larron, & espreu-
uerois toutes choses. 8. Le huitiesme, Douleur,
& courroux apportent plus grandes facheries,
que nous prenons à cœur à cause des pechez
d'autruy, que ne font celles pour lesquelles

nous nous courrouçons, & auons douleur. 9.
Le neufiéme. La manfuetude fi elle eft naïf-
ue, non prinfe d'ailleurs fardee, ne pourra e-
ftre vaincue. Que te pourra faire celuy qui
eft vn paillard tout outre, fi tu garde manfuetude fermement, & auec conftance : & (fi
l'affaire le permet; fi) tu l'enhorte, & en-
feigne paifiblement vaquant à l'affaire lors

Remôftran qu'il s'efforce de t'offenfer. Si tu luy dis, Garde
ce à celuy toy (ô mô fils) de faire cela nous fommes n'ays
qui nous
veut offen- pour autres chofes. Quant à moy, ie n'en fe-
cer. roys offenfé, ains toy, & luy remonftre ouuer-
tement que mefmes les mouches à miel & autres animaux n'ays pour s'affembler ne feroyent pas en cefte forte. Or ne faut il faire
telles remonftrances pour fe moquer, ou iniu-

Remôftran rier ains amiablement & en telle forte que
ce comme leur cœur ne foit piqué ne point; & que tu ne
doit eftre femble abufer du repos & qu'aucun afsiftant
faire. ne s'efmerueille : ains luy dois parler comme
feul : iaçoit qu'autres foyent prefens. Tu auras
fouuenance de ces neuf chapitres comme les
ayant receu des Mufes en pur don : & commence à eftre homme pendant que tu es en vie.

Courroucé Et te faut donner garde de te courroucer à
que doit
faire. iceux ne de les flatter. Car ce feroit trop s'ef-
loigner de la focieté, & feroit dommageable
Aye cecy en main quand courroux te faifira
que ce ne foit ire d'homme, ains manfuetude.
Car cecy tout ainfi qu'il eft plus humain, ainfi
auff

aufsi est il plus virile, & sent mieux son homme, & requiert force, nerfs, & constance?
ce que n'est treuué riere les ireux, & fascheux.
Car d'autant plus que la mansuetude est plus
vuide de passions d'autant plus est elle vuide
de puissáce. Et tout ainsi que douleur saisit les
impotens, & foibles, ainsi fait courroux. Car
l'vn & l'autre est blessé & se confesse vaincu.
Tu peux aussi(s'il te plait)prendre le dixiesme
chapitre du duc, & conducteur des Muses,
c'est à scauoir. 10. C'est le fait d'vn hóme hors
de son sens vouloir que les mauuais ne pechent.
C'est aussi le fait d'vn homme ingrat & tyran   Marque
permettre que les autres soyent mauuais:pour-   d'vn Tyrã
ueu qu'ils ne pechent contre toy. Il faut princi-
pipalement & sans cesse prendre garde à qua-
tre mouuemens de l'esprit & les empescher, si
tu les apperçois. 1. Premierement que tu die,
Ceste cogitation n'estoit pas necessaire. 2. Le
second, cela sert pour la separation de societé.
3. Le troysiesme, Tu ne diras cecy de toy mesme. Car dire & non de soy est chose trop ab-
surde. 4. Le quatriesme. Reproche à toy mesme que c'est d'vn homme qui est vaincu par sa
partie plus diuine,&qui quitte la place & baille
la victoire au plus incognu,& bas, & à la partie mortelle, scauoir est au corps & aux voluptez plus lourdes. Toutes choses composées de
l'air & toutes les parties du feu que sont entre-
meslees sont pour te teperer: combien qu'elles
soyent enleuees en haut, toutesfoys à fin qu'elles

les obeiſſent à l'ordre de l'vniuers ; elles ſont
contenues par leur meſlange. Semblablement
auſsi toute choſe faite de terre , & toute choſe
humide , veu de leur nature elles tombent en
bas, elles demeurent toutesfoys en lieu haut, &
non en leur lieu naturel. Les elemens obeiſſent
à l'vniuers & s'ils ſont empeſchez par force ils
demeurent iuſques à ce que ſeparation en ſoit
faite. N'eſt ce pas donq choſe inique , & per-
uerſe que ta ſeule raiſon que veut obeïr & eſt
marrie de ſa place. Certainement l'on ne luy
met , ne impoſe choſe violente , ains ce qu'eſt
conuenable à ſa nature. Elle toutesfoys ne les

Deſpart de veut endurer ains s'en va au contraire. Car les
nature.   mouuemens appreſtez à iniuſtice , luxure , ire,
douleur, crainte, ne ſont autre choſe qu'vn deſpart de nature. Et quand l'eſprit eſt marri d'v-
ne choſe qu'aduient , lors il laiſſe ſon lieu. Car
il n'a pas moins eſté fait à egalité, & pieté, qu'à
iuſtice car ceſtes cy ſont eſpeces de vertu , qui
ſcauent tresbien defendre la ſocieté humaine,
voire les iuſtes actions plus anciennes. Celuy
qui ne s'eſt propoſé ce but par toute ſa vie , ne
peut eſtre , vn meſme par toute ſa vie. Ce que
nous auons dit , ne ſuffit , ſi cecy n'y eſt ioint,
quel doit eſtre ce but. Car tout ainſi que l'o-
pinion de pluſieurs touchant les biens, n'eſt
(quoy qu'il en ſoit) ſemblable , ains celle qu'eſt
commune en quelques certaines choſes , ainſi
Bat ciuil. auſsi le but ciuil , qui à le regard à la commu-
nité , doit eſtre arreſté. L'homme qui dreſſera
                                        tou

toutes les vehemences de son esprit à ce but,
fera tous ses faits semblables, & sera tousiours
vn mesme. Socrates respondit à quelqu'vn qui
luy demandoit pourquoy il ne venoit vers
luy. A fin (dit il) que ie ne meure de mort tres
vilaine. C'est à dire, qu'ayant receu vn plaisir, ie ne le te puisse apres recompenser. Ce
commandement se trouue auoir esté escrit és
lettres des Ephesiens qui commandoit que l'on
eut tous les iours souuenance d'aucun des anciens qui ont esté vertueux. Les Pythagoriens
nous commandent qu'au matin nous regar-
dissions au ciel à fin d'auoir memoire de ceux
qui font leur deuoir, que nous eussions souuenance d'ordre, & de netteté, de nue simplicité.
Car les astres n'ont aucun voile. Souuienne toy
quel estoit Socrates l'ors qu'il fust ceint d'vne
peau, quand Xantipé sa femme s'en fust allée
dehors, & ce qu'il dit à sa compagnie qui auoit
honte d'auoir veu Socrates en tel equipage.
Iamais tu n'apprendras aux autres n'a lire, n'a
escrire si premierement tu n'as apprins toy
mesmes. Il faut monstrer cecy en la vie, c'est à
dire, Que tu viue en homme de bien, & puis tu
monstreras aux autres à ce faire. Es tu esclaue?
raison * te defaut: lors mon trescher cœur, m'a
osté le rire.

Apophte-gme de So-crates.

Anciés de-uoir estre e-xemplaire.

Ils font iniure à vertu treshautaine.
Par propos ennuyeux.

Celuy est hors du sens qui cherche la ieunesse passee. Epictetus philosophe ayant baisé

* Seruitude
(dit Plato)
apres Ho-
mere) rauit
la moytié
du sens.

vn

vn ieune enfant, dit en fon cœur. Parauanture
Volonté ne peut eftre defrobee.mourras tu demain. Epictetus difoit qu'il n'y
a point de larrons de la volonté. Il difoit en ou-
tre qu'il faut trouuer l'art en confentant pour
contregarder la vehemence de l'efprit, tellement qu'elle ait l'exception iointe, & qui ait
Couuoitife.regard à focieté, & dignité. Il fe faut abftenir,
de couuoitife, & ne faut eftre enclin aux chofes que ne font riere nous. Parquoy (difoit il)
nous nous eftriuons non de chofe de non petite importance, ains de forcenemens. Voulez
vous (difoit Socrates) auoir voz efprits rai-
fonnables, ou non? nous le voulons, de quelle
forte, bons ou mauuais? fains. Pourquoy ne le
demandez vous donq? Car nous les auons, dequoy vous debattez vous donq?

LIVRE. XII.

Tout ce que tu fouhaite acquerir
par les cours des temps, tu le
peux auoir maintenant, fi tu n'es
ennuyeux de toy mefmes, c'eft à
dire ce qu'eft paffé, & que tu re-
mette l'aduenir à prouidence dreffant à fain-
Iuftice & fainfteté pourquoy requifes.teté & iuftice. L'vne, à celle fin que tu prennes
en bonne part ce que l'ordonnance te baille,
(car nature te l'apporte.) L'autre à fin que tu
parles franchement, & en verité, & non par
propos ambigus & que tu face felon la loy, &
ainfi qu'il appartient. Que la malice d'autruy,
ne

ne l'opinion, ne la voix, ne le sens de ton corps
t'enuironnant ne t'empeschent. Car il faut que
celuy qui a esté offensé, ou a qui il touche en
ait soucy. Parquoy veu que tu és maintenant à
l'issuë, porte honneur à ta pensee, & à ce que
tu as de diuin, & ne crains point la mort, à fin
que tu viue selon nature. Et par ce moyen tu
seras digne deviure au monde, qui t'a produit.
Et ne seras plus comme estranger en ta patrie
t'esmerueillant de ce qu'aduient chasque iour,
& ne dependras de ceste, ou de ceste chose.
Dieu void toutes choses * voire les pensees *Xenophō.
nues. Car luy seul par son intelligence touche lib. 1. Xṁ-
toutes ces choses, qui viennent & dependent μνημτ.
de luy. Et si tu t'accoustume à ce faire, tu feras
par la plus grand partie que tu ne soys empesché. Celuy qui ne regarde la chair l'enuironnát
est saisi en sa robbe, en sa maison, en louange,
& autres choses exterieures, & comme dans
vn tabernacle pour y contempler: Tu és com- L'homme
posé de trois choses, d'vn corps, d'vne ame, & dequoy có-
d'vne pensee. Les deux premieres sont tiennes posé.
par ceste raison, parce que tu as soing d'icelles.
Le tiers est tant seulemét tien. Tu feras de toy Globe d'em
vn globe comme estoit celuy d'Empedocles, pedocles.
si tu separe de toy ce que les autres font ou di-
sent, ou toy mesmes, ou les choses futures tē
troublent, ou ce qu'aduient outre ta volonté à
ton corps à ton ame nee auec toy, ou que le
cours des choses exterieures enuironne tellement que l'entendement deliure des choses qui
                                        sont

font auec luy viue faifant chofes iuftes approuuant ce qu'aduient, & difant verité: Si
(di ie) tu oftes de ta penfee les chofes qui font
iointes à nature par vn certain confentement
& ofte la penfee du paffé & du futur. Or tel
eftoit le globe d'Empedocles.

Horace en
les Satyr. *De foy feul s'esleuant eftant toufiours vn mefme.*
C'eft à dire, il n'y auoit qu'à redire. Apres à
viure felon le temps prefent, & par ce moyen
tu viuras le refte de ta vie fans troubles & vertueufement. Ie me fuis fouuét efmerueillé que
fignifioit cela que les hommes eftiment moins
leur reputation, & eftime que celle des autres
* Terence
Andr.act.3.
fcen.5. attendu que l'homme s'aime * mieux qu'vn autre. Si vn fage precepteur commandoit qu'on
ne penfaft à aucune chofe finon qu'on la dit
tout incontinent, certes il ne s'en pourroit tenir vn iour, tellement que nous craignons plus
ce que noftre prochain eftimera de nous, que
celuy de nous. Accouftume toy à ce dequoy
tu n'as efperance. Car ores que la main feneftre
foit inhabile à faire quelque chofe parce qu'elle ne l'a accouftumé, fi eft ce qu'elle tient plus
fort la bride que ne fait la main dextre. La
mort en quelle qualité te faifira elle foit en
corps, foit en efprit? Confidere la grandeur de
l'aage paffé & celle du futur, & la brefueté de
ta vie, confidere les caufes defnuees de voiles
& couuertures. Prens garde ou font rapportees les actions, à quoy tend douleur, volupté,
la mort, la louange qui eft caufe à foy mefmes

de

de l'occupation des choses. Aucun n'est empéche par vn autre: tout gist en opinion. En
l'vsage des ordonnáces ou decrets il faut estre
semblable au luitteur & non au ioueur d'espee.
Car si cestui pose l'espee il est occis:le luitteur
a tousiours la main preste, & l'employe à son
proffit. Il faut considerer ces choses les diuisant en matiere, forme & respect. Combien
est grande la puissance de l'homme? pourquoy
faut il faire autre chose sinon ce que Dieu
louëra? & faut embrasser & prendre ce que
Dieu nous presente, & offre! O combien digne de risee, & estrange est celuy qui s'esmer-
ueille de ce qu'est fait en la vie. Si quelqu'vn
baille de soy opinion de peché, pense comme
tu as cogneu, si c'est peché, & s'il a peché, pense qu'il condemne soy mesme, cela semble à celuy qui gaste soy mesme son œil. Celuy qui
veut que le mauuais ne face mal, est semblable
à celuy qui ne veut que le figuier ait iuz en son
fruit, ou que les enfans ne pleusent point, que
les cheuaux ne hannissent, ainsi pouuons nous
dire des autres choses semblables. Car que
pourroit faire autre chose celuy qui est ainsi
disposé. Est il cruel? guari ceste maladie. Si
cela n'est conuenable, ne le fais pas. Si cela
n'est vray ne le dis pas. Que les mouuemens
de ton esprit soyent tellement disposez que tu
sois en tout & par tout bien aduisé. Considere que c'est que t'esmeut à penser, & examine
le diligemment le diuisant en cause, matiere,

Faire &em
brasser ce q̃
Dieu veut.

Dire & fai-
re que faut.

k   resp

respeƈt & temps dans lequel la chofe ceſſera.
Confidere à la parfin qu'il y a en toy quelque
chofe plus excellente & plus diuine que ce
qu'efmeut les paſsions, voire toy mefmes. Car
qu'eſt ce qu'entendement ? eſt ce la crainte,
foufpeçon , couuoitife ou telle autre choſe ? Penfe en premier lieu qu'il ne faut rien
faire en vain , & qui fe rapporte à autre chofe
finon qu'à la focieté humaine. Peu de temps
apres tu ne feras plus , ne aucune chofe de ce
que tu voids, n'aucun de ceux qui viuent
maintenant. Car toutes chofes ont eſté nees
à fin qu'elles foyent changees, & qu'elles prennent fin, & qu'autres naiſſent en leur place.
Tout giſt en opinion mais quant à ceſte cy el-
l'eſt en ta puiſſance. Oſte donq l'opinion quãd
tu voudras, & cela te fera comme vne petite
mõtagne eſleuee fur la mer. Nulle aƈtion quel-
cõque ne fouffre mal aucun fi elle ceſſe en fon
temps, ne auſsi qui les fait par mefme raifon
ne fouffrira mal. Semblablement le corps de
toutes aƈtions, s'il ceſſe en fon temps ne fouffre mal aucun. Or le corps des aƈtions eſt la
vie. Celuy auſsi qui fait la fin à propos, & à
point à l'ordre bien continué de ces aƈtions,
ne fait mal aucun. Or nature t'a prefix vn
temps deu & vn terme, aucunesfoys auſsi particulierement comme en vieilleſſe & totale-
mét, auſsi la nature de l'vniuers, les parties duquel eſtant changees le monde renouuellé , &
vigoureux, a duree. Or ce qu'eſt proffitable à
l'vni&

Penfee Poli
tique.

l'vniuers, est tresbon. Parquoy la fin de la vie peut estre mauuaise particulierement : car ce n'est pas chose vilaine, ne dependante de nostre volonté, & n'est estrange de la compagnie. Or l'action est tresbonne quand elle est bien à point pour le respect de l'vniuers & proffite, & aduient d'en haut, & diuinement. Ayant ainsi pensé à ces choses, il faut auoir en main troys choses. 1. La premiere, que tu ne face rien en vain, ne autrement que iustice ne requiert. Et quant aux choses de dehors, pense qu'elles sont aduenues par la prouidence de Dieu. Et ne faut se pleindre ne blasmer icelle prudence. 2. La secóde, quel vn chascun sera apres la priuation iusques à ce qu'il aura receu l'ame, & apres aussi qu'il l'aura rendue, & dequoy il est fait & en quoy il sera desassemblé. 3. Le troisiéme, apres auoir esleué son esprit és choses humaines, & leur varieté, & combien il y en a qui habitent en & autour de l'air, ce que tu voirras quant tu seras porté en haut comme toutes choses sont de mesme espece, & combien peu de temps elles durent. Nous enorguillerons nous de ces choses icy ? Chasse hors de toy l'opinion, & tu seras sauf & eschappé, & aucun ne t'empeschera.

Si tu és marri de quelque chose, tu t'es oublié tout auoir esté seló la nature de l'vniuers, & que c'est que le peché d'autruy, & dauantage comme toutes choses ont esté faites, comme elles se font maintenant, & feront à l'aduenir

Marginal notes: Action bóne. — Action de iustice. — Recapitulation.

& font maintenant faites par tout. Et quelle
conionction il y a en l'vniuers genre humain,
& que c'eſt communication non de ſang, ou
ſemence, ains de la penſee. Et tais auſsi comme
Penſee iſ- la penſee des hommes eſt iſſuë de Dieu. Tu
ſue de Dieu. t'es oublié que tout giſt en opinió, & que chaſcun vit ſelon le temps preſent que nous per-
dons apres. Reduis ſouuent en memoire ceux
qui ſe ſont trop courroucez de certaines choſes, leſquels toutesfoys ont flori auec grand
louäge, calamité, inimitié, ou auec autre fortune. Demäde en apres ou ſont toutes ces choſes
certes, c'eſt fumee, cédres & parole voire non
pas ceſte cy. Ioins à ce que diſt eſt quelles ſont
toutes ces choſes. Conſidere entiere differéce
auoir eſté eſtablie és choſes indifferétes pour
l'opinion. Conſidere (di ie) en apres combien
eſt yil ce que reſiſte. Dauantage combien eſt
Philoſos- plus cöuenable à philoſophie de garder & fai-
phie & ce q re iuſtice, & modeſtie en la matiere preſentee,
luy côuiët. & d'obeïr à Dieu en toute ſimplicité. Car l'arrogance qui eſt exercee par la monſtre de vui-
dange d'orgueil eſt par trop griefue, & facheu-
＊Plato in ſe. Ce que nous auons cy deſſus dit ſert gran-
Apologia dement pour le meſpris ＊de la mort, d'autant
Socratis. que ceux qui ont eſtimé douleurs eſtre maux,
& ont mis volupté au rang des biens l'ont mé-
ſpriſee. La mort n'eſpouuëte celuy qui eſtime
cela tát ſeulemét digne du nom de bié ce qu'eſt
opportun & ne luy chaut ayant fait pluſieurs
actions ſelon droite raiſon ou non. Entens cecy,

cy, as tu esté citoyen de ceste grande cité, quel proffit en as tu, si ça esté l'espace de cinq ans? Car ce qu'est selon les loix est equitable à tous. Qu'aduient il donq d'ennuyeux? Si le seigneur te met hors la ville il n'est pas iniuste iuge, mais nature qui t'a introduit tout ainsi que le preteur, ou magistrat met hors du theatre vn ioüeur de comedie là ou il l'auoit au parauãt introduit. Et s'il dit ie n'ay encor recité troys actes * de la comedie, & non cinq? il dira bien troys actes toutesfoys accompliffent la fable de la vie. Celuy qui est aucteur de la composition a prefix le terme de la vie.

Loix & leur proffit.

* c'est l'espace que l'on chante Cicero.

  Tu n'es cause de l'vn, ne de l'autre
  despars donq volontiers de
   ce móde. Car celuy qui
    t'en enuoye, te se-
     ra propice.

     k 3 REM

   F I N

Remonstrance, d'Agapetus Euesque, à l'Empereur Iustinian, sur le Gouuernement d'vn Empire, ou Royaume : Traduite de Grec en Françoys, Par Pardoux du Prat, Docteur és Droits.

Agapetus treshumble Diacre à nostre Empereur Iustinian grandement craignant Dieu. Salut.

TV magnifie, & honnore grandement, (ô Empereur) sur toutes choses Dieu, qui t'a esleué en tout honneur, & t'a fait excellent sur tous autres. Par ce qu'il t'a baillé le sceptre de la puissance terrienne à la semblāce du royaume celeste : & ce à celle fin que tu enseignes les hommes à garder, & faire droit : & que tu poursuyue l'abbayement, & cris des enragez & furieux qu'ils font à l'encontre des gens de bien : à celle fin aussi que tu sois souz l'Empire de la Loy & que tu gouuerne le tien en equité, & selon les loix enuers tes subiets.

L'empire terrien à la semblance du celeste.

2. L'entendemēt de l'Empereur prenāt garde à toutes choses veille perpetuellement ainsi

Empereur vigilant.

qu'vn

qu'vn gouuerneur de nauire retenant seurement le gouuernal d'icelle, repoussans les flots
impetueux d'iniquité : à fin que la nasselle de
la republique mondaine ne soit froissee par
iceux.

3. Il y a vn diuin, & principal enseignemét
par lequel nous sommes enseignez, qu'vn chascun cognoisse soy mesmes. Cat celuy qui se
cognoit, cognoit Dieu. Celuy qui cognoit
Dieu, sera semblable à Dieu. Celuy qui est
semblable à Dieu, est fait digne de Dieu. Or
celuy qui est fait digne de Dieu, ne commet
chose inique, ains tout ainsi qu'il pense à ce
qu'est de Dieu, ainsi aussi il parle ce qu'il pense, & fait ce qu'il dit. *Cognoistre soymesme & ses effects.*

4. Qu'aucun ne se glorifie point de la no-
blesse de ces ancestres. Car tous ont vn aucteur de leur race qu'est le limon, & la fange
voire ceux qui se vantent de leurs vestemens
de poulpre, & de soye, & ceux aussi qui sont
affligez de poureté & maladie, & tant ceux
qui sont couronnez d'vn diademe, que ceux
qui font le guet à la chambre du dormir. Ne
nous enorgueillissons donq point d'vne race
limouneuse : ains cherchons louange, & nous
glorifions en bonnes mœurs. *Vanter ne faut sa race.*

5. Scache (ô exemple de saincteté) que d'autant plus, que tu as esté estimé digne de grandes choses, & dons, d'autant plus és tu deuenu
débteur de plus grande retribution. Rends
donq actions de graces à celuy qui tant t'a *Actions de graces à Dieu.*

k 4   bien

bien fait à celuy (di ie) qui reçoit le deu comme merite. Car c'est luy qui premierement nous a bien fait comme s'il recompensoit vn bien fait. Il demande de nous actions de graces, non par vne monstre & exhibition de paroles, ains par exhibition de bonnes meurs, & que nous viuions en gens de bien.

Bien faire aux hômes   6. Il n'est chose qui rende l'homme plus digne de louange, ou meilleur pour faire ce qu'il veut que vouloir, & faire bien aux hommes. Puis donq que le pouuoir t'a esté donné de Dieu, duquel ta bonne volonté auoit faute pour l'amour de nous vueilles & faits selon & ainsi qui plaira à celuy qui le t'a donné.

7. Les richesses terriennes instables ressemblent aux cours des ondes des riuieres. Car elles abondent vn peu à ceux qui pensent les auoir, & tout incontinent recoulent, & s'en vont aux autres. Mais le seul thresor de largesse est stable, & permanant à celuy qui le possede : & le bien fait retourne à son aucteur.

8. Tu es certes le chef inaccessible des hommes à cause de la hautesse de l'empire qu'est cy bas. Mais ceux qui ont besoin de toy, ont vers toy vne entree facile à cause de la force & vertu de la puissance celeste. Tu ouure tes oreilles à ceux qui sont assaillis & enuironnez de poureté à fin que tu treuues ouuerte l'ouïe de Dieu. Car tels que nous serons enuers noz conseruiteurs tel trouuerons nous nostre seigneur, & maistre enuers nous.

9. Il faut nettoyer l'ame de l'Empereur, grandement soigneuse en la façon d'vn mirouër, à fin qu'il reluise tousiours par splendeurs diuines: & qu'il apprenne les iugemens des choses. Car il n'est chose qui face tellement regarder ce qu'il faut faire que contregarder son ame pure & nette.

10. Tout ainsi que les nageans sont peu endommagez, quand le nautonnier fault, mais quand le gouuerneur du nauire fault, c'est lors la submersion du nauire: ainsi est il des citez, si quelqu'vn des subiects fault, ou forfait il n'offense pas tant la Republique que soy mesmes: mais si le prince fault, il porte dommage à toute la Republique. A fin donq qu'il ne rende pas si grand compte qu'il die & face toutes choses diligemment, s'il a esté nonchalant de faire ce qu'il failloit faire.

l'Empereur faillant porte dōmage.

11. Les cours des choses humaines retourne estant agité maintenant ainsi, maintenant autrement, il demene les choses & les porte deçà delà, & en icelles à inegalité par ce rien n'est permanant tousiours en mesme estre. Parquoy il faut (ô trespuissant Empereur) que tu aye vne immuable connoissance de pieté en ce changement des choses facilement tournant.

12. Destourne ta face des paroles trompeuses des flatteurs, ainsi que des façons de faire des corbeaux. Les corbeaux creuent, & arrachent les yeux du corps. Mais les flatteurs hebetent & rebouchent les cogitations de l'ame

Trōpeurs & flatteurs chassiz.

K ƒ veu

veu qu'ils ne permettent confiderer la verité

Façon des flatteurs.

des chofes. Car quelquefoys ils loüent ce qu'il
faut reprendre, & reprennent ce qu'eft digne
de louange : & font de deux forfaits l'vn : ils
loüent les mefchans, & mefprifent les bons
voire leur font iniure.

l'Empereur doit eftre conftant.

13. Il faut que l'efprit d'vn Empereur foit
toufiours égal. Car changer de propos felon la
varieté des chofes, eft le figne d'vn efprit in-
ftable. Au contraire c'eft le figne d'vn efprit
affermi (comme vn fondement feur;) conftant,
& l'ame duquel n'eft esbranlee, quand il fe
tient, & arrefte és chofes bonnes & honneftes:
Voftre faint empire eft fortifié & affermi de
telle fermeté. Le figne aufsi d'vn homme conftant eft, quand il ne s'efleue, & ne s'enorgueil-
lift point par arrogance, & ne s'abbaiffe iufques
au troubles de l'efprit.

14. Si quelqu'vn a fa penfee vuide de tromperie humaine, & confidere fa vileté & fa nature de peu d'eftime, & la brefueté de la nature
prefente, & fa condition tranfitoire, & les or-
dures iointes voire enracinees en fa chair, iamais ne s'enorgueillira, combien qu'il s'efleue au degré de dignité.

Couronne de Pieté.

15. La couronne du deuoir enuers Dieu, &
de pieté aorne le Roy fur toutes les chofes belles, fur route la nobleffe du royaume. Car les
richeffes s'en vont, & la gloire paffe : mais la
gloire de la vie plaifante à Dieu eft eftendue
par fiecles immortels : & eftabli fes poffefsions
                                          outr

outre les tenebres d'obli.

16. Cela me semble tresabsurde que les poures & riches souffret vn semblable dommage
de choses differentes, & diuerses. Car les riches sont rompus & creuez pour estre trop
saouls: Les poures meurent de faim. Dauantage
les riches tiennent les bouts du monde, & fins
de la terre: les poures n'ont lieu pour mettre, &
arrester leur pieds. Or à fin que l'vn & l'autre
soit sain il faut les guerir en ostant & dimi-
nuant & les esgalant.

17. En noz temps c'est monstree vne saison
d'vne vie fort heureuse ce qu'auoit predit l'vn
des Anciens * c'est que les philosophes regne-
royent, & les Roys philosopheroyent. Car tu
as esté estimé digne du royaume en philoso-
phant, & en regnant, ne vous estes desparti de
philosophie. Car si l'amour de sapience fait le
philosophe, ce que i'ay dit est clair, & euident.

* Il entend
Solon prin
ce Athenié,

18. Ie di & afferme que tu és veritablement
Roy. Car tu en as la definition parce que tu
peux dominer, & commander aux voluptez, &
és couronné de chasteté & vestu du manteau
imperial de iustice. Car les autres puissances
perissent, & finent : mais c'est empire & royaume est immortel, & dure perpetuellement. Les
autres puissances sont rompues & brisees en ce
siecle: mais ces choses cy sont deliurees de perpetuelle punition.

Roy quel.

19. Si tu veux iouïr de l'honneur issant de
tous, fay bien communement à tous, car il
n'est

Bien faire à
tous.

n'eft chofe qui attire plus à beneuolence, que
la grace d'vn bien fait, & plaifir octroyé aux
fouffreteux. Car vn plaifir, & feruice fait par
crainte eft vne flatterie fardee trompant fouz
titre d'honneur feint ceux qu'y aduifent, & y
font attentifs.

20. Ton empire eft à bon droit digne d'eftre
honnoré. Car tu monftres ta puiffance aux ennemis, & à tes fubiects, ta douceur. Tu es vain-
queur de tes ennemis par force d'armes : & tu
es vaincu par les tiens par charité non armee.
Car autant grande eft la difference entre ceux
cy qu'entre les beftes fauuages, & les brebis.

Empereur
fans fupe-
rieur.

21. L'effence du corps (ô Empereur) eft ef-
gale à chacun : mais par la puiffance de la dignité, l'Empereur eft femblable à Dieu feigneur
de toutes chofes. Car l'Empereur n'a en terre
fuperieur fur luy. Il faut donq qu'il ne fe courrouce non plus que Dieu, & qu'il ne s'efleue,
comme eftant mortel. Car iaçoit qu'on ait dai-
gné le faire femblable à Dieu, fi eft ce que il eft
conioint à la poudre terrienne. Au moyen dequoy il eft enfeigné de garder égalité enuers
tous.

22. Aime affectueufement ceux qui te con-
feillent bien, non ceux qui tachent à te flatter.
Car ceux la regardent ce qu'eft expedient, &
neceffaire : ceux cy ont regard à ce que plait aux

Mifericor-
de aux mi-
fericordi-
eux.

puiffans & imitent les ombres des corps, & ap-
plaudiffent aux dits des grans.

23. Monftre toy tel enuers tes feruiteurs, &
domeft

domeſtiques, que tu deſire, que le Seigneur ton
Dieu ſe monſtre enuers toy. Car ainſi que nous
ouïrons, nous ſerons ouïs, & comme nous re-
gardôs nous ſerons regardez de Dieu qui voit
tout, faiſons donq premierement miſericorde,
à fin que nous receuions la pareille.

24. Tout ainſi qu'vn mirouër monſtre le vi-
ſage tel qu'il eſt, s'il eſt net, ou triſte : ainſi le iuſte
iugement de Dieu eſt ſemblable à noz faits car
tels que nous les faiſons, il nous rend le ſemblable.

25. Prens conſeil tout à loiſir, & mets diligemment à execution ce que tu auras arreſté,
car vne legereté mal aduiſee eſt perilleuſe. Car
ſi l'on conſidere les maux d'vne penſee volage,
l'on trouuera facilement le profit d'vn bon
conſeil : comme celuy qui ſent la ſanté apres la
maladie. Tu dois donq (ô ſage Empereur) t'en-
querir par vn prudent conſeil & par prieres
affectueuſes enuers Dieu ce qu'eſt profitable au
monde.

26. Tu gouuerneras bien ton empire ſi tu
regarde à toutes choſes & ſi tu ne ſouffre aucune choſe eſtre miſe à nonchalance, & meſpris. Car ce que ſe monſtre petit à la comparaiſon des tiens, n'eſt pas petit en toy, veu qu'vn
petit mot d'vn Empereur a grand force enuers
nous.

27. Eſtabli loy à toy meſmes de garder les
loix, veu qu'en terre n'eſt aucun qui t'y puiſſe
contraindre. Car en telle ſorte tu monſtreras
l'hon

Conſeil &
faits.

Loy côme
ſera obſer-
uee.

l'honneur & reuerence deuë aux loix en leur portant reuerance deuant tous autres, & lors cognoiſtront tes ſubiects clairement que la trangreſsion des loix n'eſt pas ſans danger.

Mal non puni. 28. C'eſt choſe ſemblable commettre. Vn forfait, & ne punir les malfaicteurs, & ne les refraindre. Car celuy eſt iugé de Dieu, eſtre compagnō des mauuais qui ſouffre les mal viuans ſans punition, ores qu'ils viuēt iuſtement. Veux-tu eſtre approuué en deux ſortes, porte honneur à ceux qui font choſes honneſtes, & te courrouce contre ceux qui font choſes meſchantes.

29. Il eſt grandement expedient fuïr la compagnie des meſchans. Car il eſt neceſſaire que celuy qui hante les meſchans qu'il ſouffre ou apprenne quelque mal. Au contraire celuy qui hante les gens de bien eſt apprins à enſuyure honneſteté & par ainſi ſon vice eſt amoindri.

30. Puis que Dieu t'a baillé le monde en garde, mets peine de ne te ſeruir des meſchans au maniement & adminiſtration des affaires, car celuy qui baille l'occaſion de mal faire, rendra Creatiō des magiſtrats. compte à Dieu de ceux qui ont eu l'adminiſtration, & de leur forfait. Il faut donq que les creations des magiſtrats ſoyent faites auec grande & diligente cherche, & eſpluchement de leur vie.

31. Il n'eſt pas moindre mal ne ſe courroucer contre les vices des ennemis, que d'eſtre
amad

amadoué & caresté par les blandiffemens des
amis, car il faut de toute la force refifter à l'vn
& à l'autre fans foy iamais defpartir de bien-
feance, ne prenant malueuillance, ne ven-
geance des ennemis fans raifon, & ne recom-
penfer la feinte beneuolence des amis.

32. Eftime tes amis non ceux qui louent Amis quels
tous tes dicts, ains ceux qui tafchent à ne faire rien fans iugement en forte qu'ils monftrent eftre ioyeux de ce que tu as bien fait,
& au contraire qu'ils foyent marris fi tu as
fait, ou dit chofe mauuaife. Car veritablement
ceuxcy monftrent le figne d'vne amitié loyale.

33. Que la grandeur de cefte terrienne puiffance ne change point ta penfee magnanime:
ains dois auoir vne puiffance immuable, toy
(di-ie) comme ayant le gouuernement d'vne
principauté fragile: ne t'efleuant par trop grand
ioye ne t'abbaiffant par trop grand triftefle.

34. Tout ainfi que l'or eft mis en diuerfes
façons par l'orfeure, il demeure toutesfoys tel
qu'il eft, & n'eft changé: ainfi auffi (ô Empereur) combien que par degrez tu t'acquiere vn
autre empire, paruiéne au fomet des plus hauts
honneurs, tu demeure neantmoins vn mefme
nom en mefmes chofes, retenant ton efprit immuable en fon deuoir.

35. Penfe (ô Empereur) qu'alors tu regne en Regner en
feurté.
feurté quand tu domine les hommes ce vou-
lans. Car ce qu'eft maugré foy affuiecti eft ef-
branlé par feditions, occafion fur ce prinfe.
Mais ce qu'eft gouuerné par le lien de bene-

uolence entretient l'obeïssance stable & ferme
enuers son superieur.

36. Estime que tel courroux dois tu auoir
encontre toy que tu as à l'encontre de tes subiects ayant forfait:à fin que tu face ton empire
digne de louange. Car aucun ne peut corriger
celuy qui est en haute dignité, si ce n'est qu'il
soit esmeu de sa propre raison.

37. Celuy qui a acquis vne grand puissance
doit de tout son pouuoir imiter celuy qui la
luy a octroyee:car s'il represente Dieu, qui est
chef de tous, & par luy retient la principauté,
il imitera Dieu en ce qu'il n'estimera chose plus
precieuse que misericorde.

38. Cache comme vn thresor les richesses
de faire bien plustost qu'or ne pierre precieuse:
car telles richesses nous resiouissent en la vie
presente souz l'espoir de future iouïssance, & à
l'aduenir nous apporteront douleur par l'es-
perance, & goust de beatitude. Au contraire
celles qui se monstrent à nous pour le present,
ne doiuent nous attirer ou allecher comme à
nous appartenans.

39. Recompense honnorablement ceux qui
reçoiuent en beneuolence ce que tu enioins,
car par tels moyens tu augmenteras l'alegresse
des bons, & enseigneras les mauuais à des-ap-
prendre malice. Car c'est chose trop meschante d'estimer dignes de ces choses ceux qui ne
font le mesme.

40. L'empire est la chose plus precieuse que
soit

foit, mais c'eft lors il eft tel quand celuy qui
en eft prouueu n'eft enclin à vne obftinee &
temeraire cruauté:ains qu'il regarde à equité,
deftournant fa face d'inclemence comme chofe fauuage monftrant douceur comme femblable à Dieu.

41. Iuge égalemant tant pour tes ennemis, Iugement
que pour tes amis,ne fauorifant tes bienueuil-égal.
lans pour leur bienueuilläce,ne refiftant à tes
malueuilläs pour leur inimitié. Car c'eft mefme abfurdité d'approuuer l'iniufte comme le
iufte,ores qu'il foit amy, & faire tort au iufte,
iaçoit qu'il foit ton ennemi. Car ce mal eft de
tous coftez femblable qu'il foit trouué és chofes contraires.

42. Les iuges des chofes doiuent eftre ouïs
d'vne penfee ententiue. Car l'on ne treuue facilement vn iufte : & s'efuanouït de ceux qui
ne font attentifs. Que fi ayant ouï l'eloquence
des parlans & n'ayant tenu compte de ce qu'a
efté dit, ils penetreront en la profonde intention, ainfi finalement ils puiferont ce que leur
eft demandé : & feront innocens de double
forfait & ne delaifferont l'honnefteté, & ne
permettrör qu'vn autre commette vn forfait.

43. Tu n'outrepafferas la bonté de Dieu,
ores que tu faces autant de bienfaits qu'il y a
d'eftoilles au ciel. Tout ce que tu offre à Dieu
eft fien. Et tout ainfi qu'il n'eft poffible d'aller
deuant fon ombre au foleil,ainfi les hommes
ne pourront outrepaffer la bonté de Dieu, par

I   bien

bienfaits.

44. Les richesses de la beneficence de Dieu, ne peuuent estre espuisees. Car en les donnant à largesse, elles s'acquierent : & en les donnant çà & là & elles s'amassent. Donne diligemment (ô Empereur tresliberal) à ceux qui te demandent ayant en ton esprit ces richesses de beneficence enracinees: car par icelles tu receuras infinie recompense, quand le temps de recompenser sera venu.

45. Ayant acquis par le vouloir de Dieu, ton empire, imite le en bonnes œuures. Car tu es n'ay au nombre de ceux qui peuuent bien faire, non de ceux qui demandent qu'on leur face bien. Car l'apprest de l'abondance des choses n'empesche que tu ne face bien aux poures.

46. Tout ainsi que l'œil est n'ay auec le corps, ainsi l'Empereur est adapté de Dieu, pour le gouuernement de ce que peut aider, ou d'ou l'on peut tirer proffit. Il faut donq pourueoir à tous hommes à fin qu'ils proffitent en biens, & qu'ils ne soyent foulez par les meschans.

47. Estime que la garde de ton salut est tresseure, si tu ne fais tort à personne. Car celuy qui ne fait tort à aucun, n'est soupçonné d'aucun. Si nous sommes gardés en ne faisant tort ne iniure à plus forte raison, Dieu nous gardera si nous faisons bien aux hommes. Car il nous tient en sa garde, & ne delaisse charité.

48. Soys redoubtable à tes subiets à cause de l'excellence de ta puissance & amiable aussi à cause de la largesse de ta benesicence. Ne mesprise crainte à cause de l'amour : ains monstre vne douceur non mesprisable , chastiant vne mesprisable familiarité par vne rude cruauté.

49. Tu as mis premierement en effect ce que tu commande de parole à tes subiets & ce comme par loy : à fin que ta vie corresponde à tes paroles. Car par ce moyen tu seras ton Empire digne de louange : & que tu parle par fait, & que tu face non sans raison.

50. Aime plus ceux qui te supplient pour obtenir quelques bienfaits que ceux qui t'aschent à te faire presens. Car tu es debteur de ceux cy. Par ce que tu leur dois rendre le plaisir. Mais ceux la te donnent Dieu pour caution qui s'attribuent tout ce que tu as ottroyé à ceux qui t'ont requis : aussi tout est à luy qui recompense d'vn bon guerdon ton intention treshumaine.

51. L'office du soleil est de donner clarté ^{Venu d'vn prince.} au monde par ses rayons : & la vertu du prince est d'auoir compassion de ceux qui ont diset-té. Certes l'Empereur qui est pitoyable est plus renommé. Le soleil donne lieu à la nuit suy-uante. L'Empereur ne souffre ains punit la pil-lerie, & rauissement des peruers : il reprend l'i-niquité cachee par la lumiere de verité.

52. La principauté a aorné tes predecesseurs Empereurs : mais toy (ô Empereur) tu as bail-

l 2 lé

lé plus grand renom à ton empire le gouuernant auec douceur, amoindrissant la grandeur de la puissance, surmontant par ta bonté
la crainte de ceux qui vont à toy. Parquoy
tous ceux qui ont besoin de misericorde se
rendent au port de la tranquillité,& estans deliurez de flots de poureté t'enuoyent souuent
hymnes en te rendant graces.

53. Efforce toy à ce que par faits tu reluise
deuant tous autres d'autant plus que par ta
puissance tu es plus excellent. Car tien pour
certain que telle operation des choses honnestes est requise de toy,qui par proportion corresponde & égale la grandeur de tes forces.
Parquoy tout ainsi que tu as esté de par Dieu,
declaré victorieux,ayant mis sur ton chef la
couronne d'vn empire inuincible: ainsi aussi
acquiers toy vne couronne en bienfaits aux
poures.

54. Considere auant que commander ce
que tu veux estre fait,& aduiédra que tu com-
manderas tousiours sagement ce qu'est loysible, & non desplaisant à Dieu. Car la langue
est treslubrique,& glissante,dágereuse,& dommageable,aux nonchalans:mais si tu luy baille
l'entendemét comme vn musicien faisant son
deuoir enuers Dieu & les hommes,elle chante-
ra vn chant de vertu doux,& melodieux.

55. Il faut que tout prince soit agut,& clait
voyant en toutes choses,& principallemét en
rendant iugemens aux choses difficiles, & se
　　　　　　　　　　　　　　　　monst

monstrant tardif à courroux. Mais s'abstenir
tousiours de courroux tousiours est chose digne de mespris. Il faut donq se courroucer
moyennement, & aussi qu'il ne se courrouce
moyennement. Qu'il se courrouce (di ie)
moyennement à fin de reprimer la violence
des peruers. Qu'il ne se courrouce pas à fin
qu'il recherche l'inclination des bons.

56. Regarde soigneusement en l'exquise
cour de ton cœur les meurs de ceux qui te hantent à fin que tu cognoisse ceux enuers lesquels
tu dois estre charitable, & ceux aussi qui te
flattent par tromperie. Car ceux qui feignent
bienueillâce sont grandement dommagables
à ceux qui les croyent.

57. Reçois la parole de celuy qui te peut aider non seulemét d'aureille, mais aussi de fait.
Car l'Empire est aorné & honnoré quand l'Empereur considere ce qu'est bien seant, & conuenable, & ne m'esprise ce qu'vn autre dit, & a
trouué, mais lors sans honte apprend & sans
tarder met à execution.

58. La ville ou forteresse munie de murs in-
expugnables m'esprise les ennemis qui l'assie-
gent. Or veu que vostre empire soit ceint de
murs de liberalité enuers les ennuyez & faschez, & affermi des tours de priere soit inuincible, & non exposé aux dards des ennemis,
C'est (di ie) vostre empire dressant trophees
dignes de renom.

59. Vse comme il faut de c'est empire ter-

restre tellement qu'il te soit vne eschelle pour
la clarté superieure. Car ceux qui gouuernent
bien, en sont dignes. Or, ceux qui monstrent charité paternelle gouuernent bien &
reçoiuent la crainte deuë. Parquoy ils refre-
nent les vices par menaces & ne sentiront les
peines.

Charité en-
uers les po-
ures.
60. Charité enuers les poures est vn vestement ne s'enuieillissant, & incorruptible. Celuy donq qui veut deuëment gouuerner vn
royaume il faut qu'il aorne son ame de la beauté de tels accoustremens. Car celuy iouïra du
royaume celeste qui en son empire a compassion des poures.

61. Veu que tu as receu de Dieu, le sceptre
de ton empire pense par quels moyens tu plai-
ras à celuy qui le t'a donné & t'a estably chef
des hommes. Haste toy donq de l'honnorer
sur tous autres. Il estimera estre vn embellisse-
ment, & honneur si tu garde & defens ceux
qu'il a fait, & si tu remplis tes mains pour bien-
faire ainsi comme si tu voulois payer vn debte.

62. Tout homme desireux d'estre sauué, &
sur tous l'Empereur doit recourir au secours
celeste. L'empereur (di ie) qui doit auoir soucy, & soin de tous: car veu que Dieu le garde,
& defend sa noble, & puissante main surmon-
te ses ennemis, & fortifie ces subiets.

63. Dieu n'a besoin d'aucune chose. L'empereur a besoin de Dieu seul. Imite & ensuy
celuy qui n'a besoin d'aucun, & fays miseri-

corde

corde à ceux qui la requiérét : vſe en raiſon de
ta deſpence enuers tes ſubiets, & ne les prens
à pied leué, les coupant iuſques au vif ſatisfai-
ſant aux demandes de tous pour l'entretene-
ment de la vie : car il vaut beaucoup mieux
auoir compaſſion des indignes, qu'endõmager
les bons par le vice des meſchans.

64. Pardonne * à ceux qui t'offenſent, veu *Math.13.
que tu requiers pardon de tes vices, l'on pardonne à celuy qui pardonne. Dieu aime quand
l'on ſe reconcilie & ſe remet en paix auec ſes
conſeruiteurs.

65. Celuy qui ſans coulpe, & reprehenſion
veut iouër le perſonnage d'vn prince, il doit
prendre garde aux meſpris d'autruy & eſtre
honteux deuant les autres, à fin que deuât tout
le monde il ne commette forfait, & qu'il ſe re-
ſtraigne de ne faire forfait en ſa maiſon. Car ſi
quelqu'vn des ſubiets doit eſtre reueré, à plus
forte raiſon l'Empereur.

66. C'eſt le vice d'vn hôme priué & n'ayant
eſtat de faire meſchanceté meritant punition.
Mais c'eſt la faute du prince de ne faire ce
qu'eſt honneſte, & ce que garde. Car s'abſtenir
de mal faire ne iuſtifie point le puiſſant : mais
celuy qui fait bien eſt couronné. Ne penſe pas
donq tant ſeulement t'abſtenir de malice mais
t'efforce à t'emparer de iuſtice.

67. La mort ne craint point l'excellence des
dignités, ains naure tout de ſes dents rauiſſan-
tes. Tráſportons donq au ciel vne grand abon-

I 4   dance

dance de richeſſes deuant l'inuincible aduene-
mét de la mort. Car nous n'emporterons rien
de ce que nous amaſſons, au monde, mais le
laiſſerons en terre & tous nuds nous faudra
rendre compte de noſtre vie.

68. Tout ainſi que l'Empereur eſt ſeigneur
de tous, ainſi auſsi eſt il ſeruiteur de Dieu auec
tous. Et lors ſera l'Empereur vrayement appellé ſeigneur quand il ſcaura dominer, & ne
ſouffrira s'aſſeruir aux voluptez illicites, &
lors il vaincra les couuoitiſes non domptees
par l'armeure de chaſteté, en prenant raiſon
pour aide qui domine les troubles de l'eſprit.

69. Tout ainſi que l'ombre ſuit le corps,
ainſi les vices accompagnét les ames, tirans au
vif côme image euident. Partant n'eſt loyſible
les nier en iugement. Car les œuures d'vn
chacun ſeront appellees en teſmoignage non
par declaration de parole, ains ſe monſtrans
totallement comme nous les auons commis.

70. La brefue condition de ceſte vie preſente ſemble au paſſage de la nauire ſur la mer, laquelle trompe ſes n'autóniers, & en fin les meine à l'iſſue. Si ces choſes donq ſont ainſi, ou-
trepaſſons les affaires & negoces du monde,
& ayons accours à ce que dure és ſiecles des
ſiecles.

71. Que l'arrogát ne s'eſleue comme vn toureau ayant les cornes hautes, ains qu'il penſe à
la doubtance de ſa chair, & abbaiſſe l'arrogance deſmeſuree : car iaçoit qu'il ſoit fait priué
en ter

en terre, qu'il n'ignore pourtant qu'il est issu
de terre, veu qu'il peut monter de la poudre,
& terre au siege Royal:& puis retourner en terre, & poudre.

72. Mets peine (ô Empereur) à ce que tout ainsi
que ceux qui commencent à monter vne eschelle ne cessent qu'ils ne soyent au haut &
dernier degré: ainsi toy côtinue la montee aux
choses hônestes, & ce faisant tu receuras
le fruit du regne celeste, qu'a ma volonté te donne Iesus Christ
Roy des Roys presens
& aduenir voire des
subiets aux rois
terriens.

* * *

Acheué d'Imprimer le vingtiesme
de Feurier 1 5 7 0.

ELEGIE DE SOLON PRINCE ATHENIEN, DES CAVSES DE la piteuse fin, & mal encontre des Royaumes.

Traduite de Grec en Françoys, par
Pardoux du Prat, Docteur
és Droits.

₊

Dieu ne veut la ruine du pecheur.

LE Dieu treshaut ne veut nostre cité
Raser, sinon que par nous incité.
Par noz pechez il soit: ains fauorable.
Se monstre à nous, & nous est secourable.
Ains au contraire esmeuz d'vne inconstance,
Les citoyens veulent (d'ou Dieu se tance)
Gaster du tout nostre ville, & destruire
Tant estourdis ils sont que tout font bruire,
De leur forfait. Et tant sont desireux
D'auoir argent (ô forfait malheureux

Foy venduë. * Iustinian en ses nouuelles, constit. 8. §. cæterum.

Qu'ils vendent loix, & foy qu'est l'entrelas,
Et l'entretien de nostre ville helas!)
Voire tant sont en leur vice asseurez,
Qu'a demander tant sont desmesurez
Or & argent, soit à tort, soit à droit

Grand

Grand tyrannie exerce en tout endroit
Vn chacun d'eux, du bien incurieux,
Aux citoyens se monstrent furieux.
Si que douleur leur fait prendre les armes
Et à bon droit en arrosant de l'armes:
Leurs tristes yeux. Qui plus est, les peruers
Sont desireux (d'ou troublent l'vniuers)
De reparer le dommage, & la perte
De tout leur bien, qu'à leur honte ont soufferte
Apres qu'ils ont les richesses du pere
Mise à l'escart par leur grand vitupere,
Et despendue en dissolution:
Ils taschent lors pour resolution,
Piller, rauir, d'vne mode inciuile
Le bien public de toute nostre ville:
Voire par dol, par force & violence,
A s'enrichir vn chacun d'eux se lance.
Ne craignans point la iustice de Dieu
Qui void les cœurs * en toute place & lieu,
Et faits aussi: & te fais à sçauoir,
Qu'on ne le peut tromper ne deceuoir:
Combien aussi qu'il se taise, & differe
Pour quelque temps, la peine (il void l'affaire)
Il sçait marquer d'vne bien souuenante
Pensée hautaine, à tousiours permanante:
A la parsin il punit le forfait
Lors le peruers ne peut fuir de fait,
Voire eschapper vn Royaume ne peut,
Ne ville aussi quand Dieu punir les veut:
Par ce moyen en la ville que iadis
Estoit en biens & empire (ces dits

Sont

(margin notes:)

Vie de per-
uers, & pro-
digue.

Dieu void
les cœurs.
* Xenoph.
liu. 1. des
faits de So-
crates. psal-
me. 3;.

L'on ne
peut escha-
per de la
main de
Dieu.
Les maux
d'vne ville
mal polli-
cee.

Sont vrays) excellenté, & superbe
Est à present deserte & y croît l'herbe
Souffrant le ioug de seruitude dure
Maux infinis elle souffre & endure
Ou bien(pour vray)par grand sedition
Sans craindre Dieu, ne iurisdiction
Les citoyens fols, & impetueux
Par le passé par trop voluptueux:
L'vn contre l'autre aux armes prennent course,
Apres auoir espuisee la bource
Ou d'auanture ils prouoquent sans cause
Leurs ennemis trespuissans, & si ose
Dire hardiment, qu'ils esueillent aussi
Le mal iadis assoupi, d'ou tranci
Est chacun d'eux. Car certes, la cité
(Qu'a tort deffie, & en diuersité
Ses compagnons, par vne guerre iniuste)
Est mise à bas. Car le grand Dieu tresiuste.
Raser la fait. Ce grand Dieu, qui domine
Tout l'vniuers, les meschans extermine
Parces moyens, & gens, & nations
Villes aussi & dominations,
Destruites sont, leurs hommes trop espris
De grand fureur ont tenu à mespris
La pieté, & deuoir enuers Dieu
Et leur prochain en toute place, & lieu,
Bref leur peché, le mespris du deuoir
Les font souffrir, & tant de peine auoir
Et si quelqu'vn reste de la ruine
Qu'a preparé la iustice diuine:
Pour les peruers, la peine les attend

Car

Car leur desir à malefice tend,
Et sans espoir bannis sont à iamais,
Sans certain siege, ou domicile, mais
Et çà, & là, iront espouuentez
De poureté, car par trop esuentez
Ils ont esté, & sans solicitude
Ou bien seront reduits en seruitude.
Et chacun d'eux comme esclaue vendu:
Car à bien faire ils n'ont ong entendu,
Et par ainsi chacun pour sa part souffre
Quand la ruine, & punition s'offre.
Portes ne murs ne peuuent pas garder:
Que les peruers (ne voulans regarder,
A bien aucun) n'ayent punition
Pour leurs mesfaits, au lieu de fruction,
Des biens treshauts, ou nul d'eux n'a tasché
D'ou ne pourra aucunement caché
Estre en nul lieu: car grand est son delit
Pernicieux. Voire dedans le lit
Du fugitif le mal penetrera,
En ta cachete & tanniere entrera,
Ie veuil cecy clairement vous monstrer
En tous voz faits vicieux remonstrer,
Ie di cecy qui n'est pas vne fable,
Car mespriser & loix, & Dieu affable,
Croyez pour vray qu'à tout malheureux nuit
Et tout meschef le poursuit iour & nuit.
Mais en gardant nostre tressacré droit
L'on aura paix en terre en tout endroit
Ie di le droit, qui gens de bien guerdonne
Et luy tardif au pecheur ne pardonne.

Proffitissant des loix gardees.

Ie

Ie di le droit qui dissolution
Sçait prohiber, pour resolution
Rebellions, il bride & ne permet
Source de mal croistre, mais à bas met

Iuges trompeurs, il corrige & amende:
Car iustement proceder il commande:
Faits violens il restraint, & reprime.
En attendant dedans ton cœur imprime,
Que pour certain vie paisible en somme
Honneste aussi, aura le tressuste homme:
Pourueu que soing il prenne de garder
La sainte loy : & au bien regarder.

F I N.

Sentences extraictes de Pinda-re ancien Poëte Grec, par Pardoux du Prat, Docteur és Droits.

DES OLYMPIES
ODE II.

Eluy qui garde seurement
Son serment.
Iouïra d'vn tresgrand aage
Ansi que d'vn heritage
Purement.
Celuy qui le faussera
Il sera:
Puni de torment horrible
Et Dieu sa peine terrible
Haussera.

Serment gardé.

ODE V.

Entour vertu voire presques ioignant.
Dur labeur & poignant.
Despense aussi excessiue combat,
Et tout presque abbat
L'œuure couuert de peril trop amer
Qui nous vient entamer.
Mais cil qui est de fait victorieux
Contre le furieux
Labeur, sera des bourgeois estimé
Et Sage renommé.

Labeur.

FIN.

TABLE DES CHO-
SES PLVS NOTABLES,
CONTENVES AV
present Liure.

※❀❀※

A

m   Apost

Cogn

D

E

F

Faux

L

L'hom

M

N

O

m 5   Qui

R

S

T

V

X

F I N.

Jmprimé à Lyon par Jean Marcorelle.

1570.

www.ingramcontent.com/pod-product-compliance
Lightning Source LLC
Chambersburg PA
CBHW071952090426
42740CB00011B/1909